논리와 사고

논리와 사고

발행일 1판 1쇄 2012년 2월 29일 1판 2쇄 2014년 3월 7일 발행인 정상철
펴낸이 정영기 펴낸곳 충남대학교출판문화원 주소 대전광역시 유성구 대학로 99
전화 042-821-6045 홈페이지 cnupress.cnu.ac.kr E-mail cnupress@cnu.ac.kr
ISBN 978-89-7599-364-0 93390
정가 15,000원

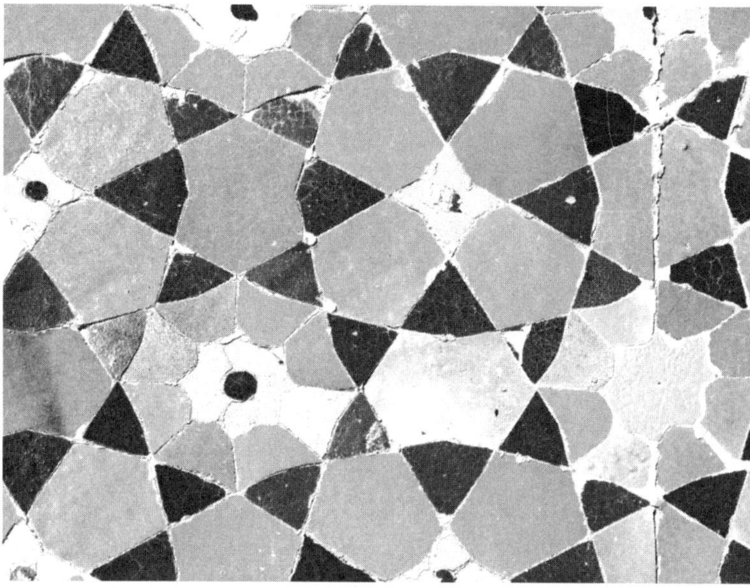

논리와 사고

정영기

충남대학교출판문화원

| 머리말 |

이 책은 대학교 강의용으로 만들어진 논리학 교재이다. 책의 분량은 한 학기에 소화할 수 있는 정도이다. 내용은 주로 연역논리 위주로 되어 있는데, 1,2,3장의 서론 부분과 4장부터 9장까지의 고전논리학 부분 그리고 10장부터 14장까지의 기호논리학 부분과 15장의 귀납논리학과 16장의 비단조논리로 구성되어 있다.

대학에서 진행되는 논리학은 사고와 추리 부분에 대한 지식 중 형식화 할 수 있는 부분만을 강의한다. 이런 지식들이 실제생활에서 실질적으로 다양하게 적용되는 부분은 일률적으로 형식화할 수 없어서 강의에서 제외된다. 이런 부분이 논리학 강의에서 다루어져야 논리학을 배우는 실제효과가 나타날 것이다. 그리고 학생들이 개별적인 주제에 대해 합리적인 근거를 제시하며 자기주장을 전개하고 상대방의 주장을 비판하고 토론하는 가운데 논리적으로 사고하는 능력이 얻어질 수 있을 것이다. 대학생들이 이 책에서 다루고 있는 논리적 사고 이외에 비판적 사고와 창의적 사고를 훈련할 수 있기를 바라고 그런 환경이 마련되기를 기대해본다.

머릿속에는 많은 자료와 사례들이 준비되어 있는데 그것을 정리하지 못하고 이렇게 책을 만드는 것을 반성하면서 다음을 기약해본다. 이 책의 출판을 지원해주신 충남대학교 출판문화원장 이형권 교수님과 편집부 여러분들께 감사드립니다.

2012년 2월 정영기 씀

| 목차 |

Ⅱ. 고전논리학

Ⅲ. 기호논리학 - 명제논리

Ⅰ. 논리학의 기초 개념

1장 논리학의 기본개념

2장 논리와 사고와 언어

3장 비형식적 오류

1장 논리학의 기본개념

1. 문장과 명제

논리학의 기본단위는 명제(proposition)이다. 명제는 사실을 표현하는 문장이다. 따라서 참 거짓의 구별이 가능하다. 예를 들어 여기 빨간 모자가 있다고 하자. 어떤 사람이 그 모자를 보고 "이 모자는 빨갛다." 혹은 "이 모자는 파랗다."라고 주장했다면 그 주장에 대하여 참, 거짓이 문제된다. 이 경우에 "이 모자는 빨갛다"라는 명제는 사실과 일치하므로 참이고, "이 모자는 파랗다"라는 명제는 사실과 일치하지 않으므로 거짓이다. 논리학이 관심갖는 것은 사실을 표현하는 명제이다. 명제는 참 거짓이 판별되는 서술문이다.

명제는 보통 문장으로 표현된다. 그러나 모든 문법적인 문장이 명제인 것은 아니다. 가령 "머리가 아프다!"라는 감탄문이나 "창문을 열어라"라는 명령문이나 "내일 비가 올 것인가?"라는 의문문 등은 문법적으로는 하나의 문장이지만 참 거짓을 가질 수 없기 때문에 명제가 아니다. "사람은 동물이다"라는 문장과 같은 서술적 문장만이 참 거짓을 따질 수 있다. 그러므로 명령문, 감탄문, 의문문 등은 명제로 생각할 수 없으며 참 거짓을 따질 수 있는 서술적 문장을 명제라고 한다. 문장은 문법적으로 옳은 표현이다.

명제가 갖는 참이나 거짓을 그 명제의 진리치(truth-value)라고 한다. 명제는 참이든가 거짓이든가 그 둘 중의 하나이며 하나의 명제가 참이면서 동시에 거짓일 수 없다. 또한 참도 아니고 거짓도 아닐 수 없으며 어떤 명제이든 그것이 명제인 이상 일정한 진리치를 가져야 한다. 참과 거짓이라는 이치(二値)만을 인정하는 전통논리학은 이치논리학(二値論理學)이다. 그러므로 전통논리학은 참 혹은 거짓으로 판별되는 세계만을 다룰 수 있을 뿐이다.

명제의 종류에 대해 알아 보자. 가령 "창수는 학교에 갔다" 처럼 단일하게 표현할 수 있는 명제는 원자명제 혹은 단순명제라 부른다. 반면에 "창수는 학교에 갔고 동호는 도서관에 있다" 처럼 문장이 두 부분으로 나누어지는 명제는 분자명제 혹은 복합명제라 부른다. 또한 어떤 주장을 나타내는 명제를 결론이라 하고 이 결론을 뒷받침하기 위해서 사용된 나머지 명제를 전제라고 한다.

2. 논증

논리학은 논증에 관한 학문이며, 논증이 타당한가 부당한가를 평가하는 방법과 규칙을 연구하는 학문이다. 논증이란 무엇인가? 어떤 전제(주어진 사실)로부터 어떤 결론(새로운 사실)을 이끌어 내는 것이다. 논증은 전제와 결론 사이의 논리적 관계를 말한다. 전제는 입증하기 위해 제시된 이유와 근거이며, 결론은 입증하고자 하는 주장이다. 전제와 결론은 각각 명제이므로 논증은 두 개의 명제 또는 세 개 이상의 명제로 이루어져 있다. 논증의 예를 들어 보자.

(1) 모든 자유주의자는 합리주의자이다.
그러므로 약간의 자유주의자는 비합리주의자이다.

(2) 모든 담배는 건강에 해롭다.
88라이트는 담배이다.
그러므로 88라이트는 건강에 해롭다.

(3) 초등학교 1학년 국어책은 쉽다.
초등학교 1학년 수학책은 쉽다.
초등학교 1학년 자연책은 쉽다.
.....
그러므로 초등학교 1학년 과목의 모든 책은 쉽다.

위의 세 논증에서 "그러므로"는 전제와 결론을 구분해주는 논증지시어이다. 위 논증에서 전제는 앞에 나오고 결론은 뒤에 나오므로 "그러므로"가 사용되었다. 그런 논증 지시어에는 다음과 같은 것들이 있다. "∴", "그리하여", "따라서", "그래서", "결과적으로", "이와 같이 하여", " ……을 보여준다".

논증은 몇 가지 특징을 갖고 있다. 첫째, 논증은 확인되어야 한다. 논증의 전제와 결론은 유기적인 관계로 이루어져 있다. 즉 전제는 결론을 지지하고 있으며 결론은 전제에 의해 지지받고 있다. 그러나 외관상 논증처럼 보이지만 실질적으로 논증이 아닌 사이비 논증이 있다. 예를 들어 보자.

(4) 모든 생물은 죽는다.
모든 개는 동물이다.
그러므로 모든 개는 죽는다.

이 논증은 외관상 타당한 논증 처럼 보인다. 세 개의 명제가 모두 참이기 때문이다. 그러나 위 논증은 타당하지 않을 뿐만 아니라 논증이 아니다. 위 논증을 형식화하면 다음과 같다.

(5) 모든 A는 B이다.
    모든 C는 D이다.
    그러므로 모든 C는 B이다.

위 논증에서 A, B, C, D는 제각각이며 서로 연결관계를 맺지 못하고 있다. 따라서 전제들이 모여서 결론을 지지해주는 관계에 있지 않다. 타당하게 보이도록 의도적으로 만들어진 논증이다. 논증은 전제가 결론을 지지해주는 그런 관계에 있어야 하는데 위 논증은 그렇지 않다.

둘째, 논증의 전제와 결론은 확인되어야 한다. 대부분 전제가 앞에 나오고 결론이 뒤에 나오지만 어떤 경우는 결론이 앞에 나오고 전제가 뒤에 나온다. 결론이 앞에 나오고 전제가 뒤에 나오는 경우는 "왜냐하면", "그러니까" 등의 논증지시어가 사용된다.

(6) 어느 애완동물도 해로운 동물이 아니다.
    왜냐하면 모든 앵무새는 애완동물이고,
    약간의 앵무새는 해로운 동물이 아니기 때문이다.

(7) 모든 앵무새는 애완동물이기 때문에
    어느 애완동물도 해로운 동물이 아님에 분명하다.
    약간의 앵무새는 해로운 동물이 아니니까.

이 논증은 다음 논증의 변형된 형태이다.

(8) 모든 앵무새는 애완동물이다.
약간의 앵무새는 해로운 동물이 아니다.
그러므로 어느 애완동물도 해로운 동물이 아니다.

셋째, 생략된 전제와 결론은 보충되어야 한다. 전제와 결론 중에는 당연한 것이어서 또는 강조를 위해서 전제나 결론을 생략하는 경우가 있다. 이와 같은 논증을 약식논증이라 한다. 예를 들어 보자.

(9) 나도 사람인데 어찌 과오가 없겠는가?

이 논증은 다음 논증에서 대전제가 생략된 논증이다.

(10) 모든 사람은 과오를 저지를 수 있다.
나도 사람이다.
그러므로 나에게 과오가 없겠는가.

다른 예를 들어 보자.

(11) 나는 항상 미소띤 사람을 좋아해.
그런데 훈이는 항상 미소를 띠고 있거든.

이 논증은 다음 논증에서 결론이 생략된 논증이다.

(12) 훈이는 항상 미소를 띠고 있다.
나는 항상 미소띤 사람을 좋아한다.
그러므로 나는 훈이를 좋아한다.

위 논증에서 결론은 자명한 것으로 생략되어도 쉽게 알 수 있다. 일상생활에서는 이처럼 생략형을 쓰는 일이 흔히 있다. 그리고 표현의 힘과 설득력을 위해서 생략형을 쓰는 것이 더 효과적인 경우가 있다. 그래서 아리스토텔레스도 "약식논증에 의존하는 .... 말이 더 큰 박수갈채를 받는다"고 말했다.

3. 연역논증과 귀납논증

논증은 크게 연역논증과 귀납논증으로 분류된다. 연역논증과 귀납논증의 차이는 무엇인가? 논증은 전제와 결론사이의 관계이므로, 연역논증과 귀납논증도 전제와 결론 사이의 관계를 말한다. 연역논증의 전제와 결론은 필연적 관계에 있지만 귀납논증의 전제와 결론은 개연적 관계에 있다. 연역논증은 전제가 참이면 결론이 필연적으로 참이라는 것이다. 즉 연역논증은 그 전제가 참이면 결론이 반드시 참이며 전제가 참이면 결론이 거짓이 될 가능성은 없다는 의미이다. 따라서 전제를 긍정하고 결론을 부정하면 모순에 빠진다. 연역논증의 예를 들어 보자.

(13) 녹색채소에는 비타민이 많다.
시금치는 녹색채소이다.
그러므로 시금치에는 비타민이 많다.

위 논증에서 전제가 참이면 결론이 거짓일 수 없는 이유는 결론의 내용이 이미 전제 속에 언급되었기 때문이다. 다시 말하면 결론의 내용은 이미 전제 속에 들어있으므로 전제가 참이라면 당연히 결론도 참이다.

귀납논증은 전제가 참이라면 결론이 참일 개연성이 있을 뿐이다. 즉 전제가 참이라면 결론은 참이 될 확률을 가질 뿐이다. 바꿔 말하면 귀납논증은 전제가 참이더라도 결론이 거짓일 가능성도 있다는 것이다. 귀납논증에서 전제가 결론을 입증하는 힘에는 정도의 차이가 있다. 귀납논증의 예를 들어 보자.

(14) 지금까지 관찰된 모든 고니는 흰색이었다.
그러므로 모든 고니는 흰색이다.

위 논증에서 전제가 참인데 결론이 거짓일 수 있는 이유는 결론의 내용이 전제의 내용을 넘어섰기 때문이다. 다시 말하면 결론의 내용은 전제의 내용을 넘어선 부분을 포함하고 있는데 전제의 내용을 넘어선 부분이 전제의 참에 기초하여 참일 확률이 있다고 말할 수 있을 뿐이지 반드시 참이라고 말할 수 없고 거짓일 수도 있다. 위 논증에서 흰색이 아닌 고니가 관찰될 수 있다.

정리하면 연역논증은 결론이 전제로부터 필연적으로 도출되는 논증이지만 귀납논증은 결론이 전제로부터 개연적으로만 도출되는 논증이다. 그리고 연역논증 속의 전제와 결론이 맺고 있는 관계인 필연성은 정도의 문제가 아니다. 타당한 논증과 부당한 논증이 있다. 그러나 귀납논증의 전제들이 결론에 부여하는 개연성에는 등급이 있다. 즉 입증력의 정도에 따라 강한 논증과 약한 논증이 있다.

연역논증과 귀납논증의 또 한 가지 차이는 결론의 내용이 전제 속에 포함되어 있느냐 여부이다. 연역논증에서 결론의 내용은 모두 전제 속에 이미 들어있거나 적어도 암암리에 함의되어 있다. 반면에 귀납논증에서 결론은 전제의 내용을 넘어서는 주장을 한다. 귀납논증은 관찰된 것을 근거로 일반화를 하여 우리 지식을 넓혀가는데 도움을 주고 있다. 연역논증은 전제들이 갖고 있는 내용을 명백하게 드러낸다. 귀납논증은 우리의 지식을 확장한다. 따라서 연역논증과 귀납논증은 서로 다른 기능을 수행한다. 종합하여 말하면 연역논증은 내용의 확장을 포기함으로써 필연성을 획득하는 반면에 귀납논증은 필연성을 포기함으로써 전제들이 지닌 내용을 확장한다.

4. 타당성과 참

논리학은 타당한 논증을 다루고 논증에는 연역논증과 귀납논증이 있으므로 타당한 연역논증과 타당한 귀납논증이 우리의 관심사가 된다. 그러나 귀납논증에 대해서는 15 장에서 따로 다룰 것이므로 여기서는 타당한 연역논증에 대해서 다루기로 한다.

먼저 타당성에 대해 알아 보자. 그런데 일상적으로는 타당성(validity)이라는 용어와 참(truth)이라는 용어는 구별되지 않은 채 사용된다. 그러나 논리적으로 두 용어는 대단히 다른 용어들이다. 타당성은 논증이나 추리에 대해 사용하는 용어이고 참은 명제에 대해 사용하는 용어이다. 타당성과 참은 사용되는 차원이 다르다. 그러므로 논리적으로는 타당한 명제와 참인 논증이라는 말은 무의미하다.

다음으로 타당성과 부당성은 형식에 의해 판정되는 반면 참과 거짓은 내용에 의해 판별된다. 우선 어떤 명제의 참과 거짓은 그 내용이 사실과 일치하면 참이고 일치하지 않으면 거짓이다. <허재는 키가 186cm이다>라는 명제는 실재로 허재의 키가 186cm이면 참이고 186cm가 아니면 거짓이다.

반면에 논증의 타당성은 전제들과 결론 사이의 관계에만 의존하고 전제들의 참과는 완전히 독립되어 있기 때문에 전제들의 참 혹은 거짓을 문제삼지 않고도 논증의 타당성을 분석할 수 있으며 설령 전제들이 거짓이더라도 논증은 타당할 수 있다. 타당성은 논증에 대한 것이고 논증은 전제와 결론 사이의 관계를 말하는 것이지 전제와 결론의 참, 거짓을 말하는 것이 아니기 때문이다. 예를 들어 보자.

(15) 모든 고양이들은 날개를 갖고 있다.
모든 개들은 고양이다.
그러므로 개들은 날개를 갖고 있다.

논증 (15)는 타당한 논증이다. 논증 (15)의 전제들은 모두 거짓이다. 그러나 일단 모든 고양이가 날개를 갖고 있고 모든 개가 고양이라고 전제했다면 모든 개들은 날개를 갖고 있다고 결론내리는 것이 일관성이 있다는 것이고 그런 경우 타당하다고 말한다. 또 다른 예를 보자.

(16) 모든 고양이들은 날개를 갖고 있다.
모든 새들은 고양이다.
그러므로 새들은 날개를 갖고 있다.

논증 (16)도 타당한 논증이다. 논증 (16)에서 첫 번째 전제는 거짓이고 두 번째 전제는 참이다. 전제들의 참과 거짓을 접어두고 모든 고양이들이 날개를 갖고 있고 모든 새들이 고양이라고 전제한다면 모든 새들은 날개를 갖고 있다고 결론내리는 것이 일관성이 있고 그런 경우 타당하다고 말한다.

어떤 논증의 결론이 타당하다는 것은 단지 그 결론이 참이다거나 혹은 거짓이라고 말하는 것이 아니라 전제와 관련하여 결론이 타당하다고 말하는 것이다.

한 프로 야구 선수가 한 시즌 동안에 도루왕이었다고 해보자. 그렇다면 그 전제(주어진 사실)로부터 어떤 결론(사실)을 도출할 수 있는가. 우선 그가 잘 달린다는 사실을 도출할 수 있다. 다음으로 그가 무조건 달리면 안되므로 달려야 하는 시점을 잘 판단하는 순발력이 뛰어나다는 점을 도출할 수 있다. 그리고 도루란 1루에서 2루로 또는 2루에서 3루로 뛰어가는 것이므로 그 선수가 1루에 진출을 많이 했다는 사실을 도출할 수 있다. 즉 출루율이 좋다는 사실을 도출할 수 있다. 다음으로 그 선수가 팔 힘이 세다는 사실을 도출했다고 해보자. 사실 주위 모든 사람들이 그 선수가 팔 힘이 세다는 것을 알고 있으며 인정한다고 해보자. 즉 그 선수가 객관적으로 팔 힘이 세다고 해보자. 그러나 그 선수가 도루왕이라는 사실 즉 전제를 근거로 논증해야지 실제로 그가 팔 힘이 세다는 (전제하지 않은) 사실을 근거로 논증할 수 없다는 것이다. 우리 모두가 아는 것이어서 전제할 필요도 없다고 말하는 것은 주관적이다. 다시 말하면 논증은 주어진 사실에 근거하고 기초해야지 누구나 다 알고 있는 (그러나 전제로 삼지 않은) 실제적인 사실에 근거하는 것이 아니라는 것이다.

결국 우리가 관심갖는 것은 타당한 논증인데 타당성은 일정한 규칙을 지킬 때만이 가능한 것이다. 과연 그러면 어떤 규칙을 지켜야 하는가? 이것은 앞으로 하나씩 하나씩 살펴보아야 할 문제이다. 여기서 당장 끝나는 일이 아니다.

논리학이 인간의 사고를 다루는 학문이라고 하지만 심리학도 인간의 사고를 다룬다. 그러나 두 분야 사이에는 다음과 같은 차이가 있다. 논리학은 사고의 규범적 영역을 다루며 심리학은 사고의 사실적 영역을 다룬다. 즉 심리학에서는 인간의 사고가 어떻게 이루어지느냐 하는 것에 관심을 가진다. 그 사고가 옳으냐 그르냐 보다는 사고가 어떤 과정과 절차에 의해 이루어지느냐 하는 문제이다. 그러나 논리학에서는 인간이 타당하게 사고하기 위해 어떤 규칙을 지켜야 하느냐에 관심을 가진다. 타당한 사고는 일정한 규범을 요구한다. 정확하게 말하면 논리학은 타당한 추리에 대해 연구하는 학문이다.

논리학은 발견의 문제와 정당화의 문제 중에서 정당화의 문제를 다룬다. 다시 말하면 논리학은 논증을 평가하는 방법을 연구하는 학문이다. 논리학에서는 어떤 전제로부터 어떤 결론으로 이행하는 것은 타당한가 부당한가라는 정당성의 문제를 다룬다. 논리학은 사고하는 방법을 우리에게 알려주는 것이 아니라, 어떤 추리를 우리가 타당하다고 승인해야 하는가 부당하다고 거부해야 하는가를 알려준다. 그런 의미에서 논리학은 도구이다. 추리를 평가하는 도구이다. 추리를 평가하기 위한 도구를 배움으로써 추리하는데 도움이 될 수 있다. 이런 도구를 통해 논리적 사고를 할 수 있다는 의미에서는 논리학이 사고방법을 알려주는 학문이라고 말할 수 있다. 그러나 논리학은 주어진 전제가 어떻게 얻어졌는가 또는 주어진 전제가 참인가 거짓인가의 문제보다 그 전제로부터 이런 결론을 끄집어내는 것은 타당하고 저런 결론을 이끌어 내는 것은 부당한가의 문제를 다룬다.

연습문제

다음 논증들의 전제와 결론을 확인하고 표준형식으로 바꾸시오.

1. 산 학문을 한다는 것은 남의 글을 외우는 일이 아니다. 따라서 어떤 학생은 산 학문을 한다고 할 수 없다. 왜냐하면 남의 글을 외우는 것만 일삼는 학생도 있으니까.

2. 캐딜락은 마타도어보다 크기 때문에 캐딜락은 폴크스바겐보다 더 큰데, 마타도어는 폴크스바겐보다 더 크기 때문이다.

3. 웅변가를 다변가라고 할 수는 없을 것 같다. 왜냐하면 다변가들은 모두 경솔한데, 웅변가들 중에는 경솔하지 않은 사람도 있으니까.

4. 인류문화에 공헌한 것 중에는 숨은 노력의 발현인 것이 있음에 틀림없다. 왜냐하면 위대한 창작은 숨은 노력의 발현인데, 위대한 창작치고 인류문화에 공헌하지 않은 것은 없기 때문이다.

5. 만일 어떤 종교가 인간을 이롭게 한다면 참다운 종교임에 틀림없을 것이다. 그런데도 어찌 이 종교가 인간에게 이롭다는 것을 의심할 것인가? 이 종교가 오랜 역사에 걸쳐 수많은 사람들에 의해서 참다운 종교로 인정되어 온 사실은 누구나 다 아는 일 아닌가?

6. 서울시민 중 대머리 아닌 사람 수가, 머리카락이 가장 많은 사람의 머리카락 수보다 더 크다니, 머리카락 수가 똑같은 서울시민이 적어도 둘은 있음에 틀림없다.

7. 고등학교까지 학생들은 정신적으로 자기 책상에 고개를 묻은 채 보낸다. 그러나 대학에서 그는 허리를 펴고 주위를 살펴봐야 한다. 따라서 대학에서의 첫해를 낡은 정신 속에서 옛날에 해오던 일들을 기웃거리느라고 보내버린다면 그것은 치명적이다.

8. 자신의 행복을 지키는 것은 적어도 간접적으로나마 하나의 의무이다. 왜냐하면 걱정과 채워지지 않는 욕구의 압박 속에서 자신의 처지에 대해서 갖게 되는 불만이야말로 의무를 벗어던지도록 하는 가장 큰 유혹이 될 수 있기 때문이다.

9. 어떤 사람도 상담을 받으려고 하지 않는다. 그러나 모든 사람은 돈은 받으려고 한다. 그러므로 돈은 상담보다 좋은 것이다.

10. 모든 예술과 모든 학문, 그리고 모든 행동과 모든 탐구도 마찬가지로 어떤 선을 목표로 하고 있다고 여겨진다. 이런 이유로 선이란 모든 것이 목표로 하고 있는 것이라고 해도 좋을 것이다.

2장 논리와 사고와 언어

1. 사고의 기본원리

논리학은 사고를 규범적으로 연구하는 학문이다. 논리학은 타당하게 사고하기 위한 방법을 연구하는 것인데 그러기 위해서는 일정한 규칙이나 법칙 내지는 원리를 지켜야 한다. 그 규칙과 법칙과 원리는 앞으로 계속 살펴보아야 할 부분이다. 우선 여기서 사고의 기본원리 4가지를 알아보자. 분명한 것은 타당하게 사고하기 위해서는 일정한 규범을 지켜야 하고 여기서 설명되는 규범은 그 일부분이라는 것이다. 사고의 기본원리 네 가지는 동일률, 모순률, 배중률, 충족이유률이다.

1) 동일률(同一律)

동일률은 동일한 사유 과정 중에서 사고는 반드시 확정성을 가져야 하며, 사고 자체의 동일성을 가져야 한다는 사유원리이다. 즉, 앞에서 한 번 사용한 개념이나 판단은 뒤에서 사용할 때도 동일하게 그 뜻으로 써야 한다는 법칙이다. 동일률은 <A는 A이다> 또는 <A=A>와 같은 공식으로 나타낼 수가 있다. 모든 것은 그 자체와 동일하다는 것이다.

동일률은 어떤 한 개념과 그것이 아닌 다른 개념과의 구분을 짓는 기본 원리이다. 만일 "갑"이라는 사람이 본질적으로 "갑"이 아니라고 한다면 “갑”이 아닌 다른 사람과 구분할 수가 없게 되니 논리적 판단의 기본이 흔들리게 된다. 다시 말하면 동일률은 모든 개념은 그 자체와 동일하여 그 자체가 아닌 다른 개념과 스스로 구분되는 독자성을 가진다는 것이다. <사람은 사람이다>와 같은 표현이 동일률의 예가 되는데 이 때 <사람>은 어느 경우나 본질적으로는 동일함을 나타낸다. 같은 사람이라도 나이가 듦에 따라 또는 상황에 따라 다른 모습이나 생각을 할 수가 있다. 그러나 여기서 말하는 사람은 그런 가변적인 속성을 떠나서 본래 지니고 있는 본질적 속성을 기준으로 말하는 것이다.

2) 모순률(矛盾律)

어떤 사유 대상에 대하여 동일한 시간과 관계 하에서 두 가지 모순되는 판단은 가질 수 없다고 확정하는 사유원리이다. 모순률은 “A는 A가 아닌 것과 같지 않다”라고 하는 것이다. 다시 말하면 “모든 것은 그 자체와 동일하지 않은 것과 같지 않다”라는 것이다. “갑”이라는 사람은 “갑”이 아닌 사람과 같을 수 없다는 말이다. 따라서 이 모순률은 동일률을 더 확대하여 말하는 것이라고 할 수가 있다. “갑은 갑이다”라는 동일률은 동시에 "갑은 갑이 아닌 것과는 같지 않다"는 것을 의미하기 때문이다.

모순률은 “그가 정직하다”라고 하면서 동시에 “그가 정직하지 않다”고 말하여서는 안된다는 것을 강조한 것이다. 그가 정직하다고 말하는 것은 정직 이외의 모든 경우를 거부하고 있기 때문이다. 이런 경우에 우리는 두 판단 사이에는 모순이 된다고 말하는데 모순률은 이런 모순 관계를 배제하는 원리이다. 모순률은 시간이나 공간에 따라 성립 조건이 달라질 수 있다. “철수는 정직하였으나 지금은 정직하지 않다.”라고 하는 말이나 “철수는 집에서는 얌전하나 밖에서는 얌전하지 않다.”는 말은 무방하다. 물론 위와 같은 경우에 시간이나 공간적 차이를 무시하였을 때에는 모순률에 해당된다. 이처럼 모순률은 시간적 공간적 관계에 따라 그 성립조건이 달라지는 것이다. 이런 점에서 모순률은 시간적 공간적 관계를 초월하는 동일률과는 성격이 다르다.

이 모순률은 모든 부정판단이나 추론의 기초가 되는 원리이다. 동일률이 긍정적 사고의 기초가 된 것과는 달리 모순률은 부정적 생각을 위한 기초가 되는 것이다.

3) 배중률(排中律)

사유 과정에서 동일한 대상은 동일한 시간과 관계 하에서 어떤 성격을 띠고 있거나 띠고 있지 않은 경우가 있을 뿐 결코 제 3의 성격을 띨 수 없다고 확정하는 사유원리이다. 배중률은 "A는 B이든가 B가 아니든가이다."와 같이 공식화할 수 있는 원리이다. 어떤 사물이 갑이거나 갑이 아닌 을이거나 두 가지 중의 하나이지 이것도 저것도 아닌 중간적 판단은 인정될 수 없다는 원리이다. 곧 긍정적인 판단을 선택하면 반드시 그 부정적 판단은 버려야 하고, 부정적인 판단을 선택하면 긍적적인 판단은 버려야지 양쪽 다 선택하여서는 안 된다는 것이다.

배중률은 "그는 착하다"라고 하면서 동시에 "그는 착하지 않다"라고 할 수 없다는 것이다. 이를 어기면 "착하면서도 착하지 않은 그"라는 중간 존재를 인정해야 되는 모순이 생긴다. 이런 점에서 배중률은 모순률을 더 확대한 것이라 할 수가 있다. 배중률은 다만 부정과 긍정의 대립 관계에서 그 한 가지를 선택하여야 한다는 것이다. 그런 부정과 긍정의 관계가 아닌 여러 사항 가운데 한 가지를 선택하는 경우에는 배중률이 적용되지 않을 수 있다. 이런 배중률은 특히 긍정과 부정의 대립 관계에 있는 개념이 사용된 선언적 판단의 기본을 이룬다.

4) 충족이유률(充足理由律)

논증 과정에 있어서 특정의 판단이 진리로 확정되려면 충족한 이유가 있어야 한다는 사유 법칙이다. "A가 진리인 까닭은 B가 진리이기 때문이다"의 형태이다. 충족이유률이란 "모든 것은 이유를 가진다"라고 하는 원리이다. 자연 현상이나 우리의 행동 등에는 저마다 그 원인이나 이유가 있다는 것이다. 그러한 원인이나 이유가 없이 되는 일은 있을 수 없다고 하는 것이 이 원리이다. 그래서 우리는 어떤 현상을 보고 원인을 따지게 되고 어떤 결론을 보면 그 근거가 무엇인지를 알아 보게 된다. 이처럼 모든 현상이나 행동을 논리적으로 설명하는 데에는 이 충족이유률이 근본이 된다. 이것을 좀더 구체적으로 말하면 다음과 같다.

① 생성의 충족이유률

자연계의 생성 변화에는 원인이 있다는 것이다. 이는 인과율(因果律)이라고도 하는 것으로서 자연법칙의 근본이 된다. 사과가 나무에서 떨어지는 것을 보고 그 원인을 생각하게 되는 따위는 자연계에는 인과률이 지배한다는 원리를 바탕으로 하는 것이다. 다시 말하면 자연계에는 원인 없이 우연히 일어나는 일이 없다는 것이다.

② 인식의 충족이유률

우리가 어떤 사물에 대하여 판단을 하게 될 때에도 그러한 판단의 근거가 있게 마련이라는 것이다. 특히 우리가 어떤 문제에 대하여 결론을 내릴 때에는 그만한 근거가 있어야 하는데 그것은 인식의 충족이유률에 입각하는 것이다.

③ 존재의 충족이유률

우리가 바라보는 존재는 시간적, 공간적 관계로 규정된다는 것이다. 시간적 계기성이나 공간적 위치는 존재의 근거를 제시하는 것이다. 다시 말하면 어떤 사물이 존재한다는 것은 그것이 일정한 시간이나 공간을 차지하고 있게 됨을 말한다. 우리가 “무엇이 언제 어디에 있다”고 말하는 것은 존재의 충족이유률에 바탕을 둔 것이다.

④ 행위의 충족이유률

모든 행위에는 동기가 있게 마련이라는 원칙이다. 선한 동기이든 악한 동기이든 행위에는 그 까닭이 있으며 특히 그것이 도덕적인 가치를 지니려면 충분하고 선한 동기가 있어야 한다.

위와 같이 모든 일에는 충족이유률이 있다는 것은 논리적 사고에는 반드시 근거가 있으며 그러한 근거가 충분히 밝혀질 때에 참된 논리적 판단이나 추리가 이루어진다는 것을 의미한다.

2. 개념

인간의 사고는 언어에 의해 이루어지므로 논리적 사고도 언어에 의해 이루어지는 셈이다. 따라서 논리적 사고에 있어서 언어의 비중과 중요성은 매우 크다. 그렇다면 논리학에서 언어는 얼마나 중요하고 어떻게 중요한가에 대해 살펴보자.

언어의 기본단위는 개념이다. 개념과 개념이 연결되면 판단이 되고 판단을 언어로 표현하면 명제가 되는 것이다. 그러면 개념(concept)이란 무엇인가? 개념은 사물이나 현상의 공통된 성질을 추상하여 만든 관념이다. 인간, 동물, 행복, 민주주의, 삼각형, 나무 등이 개념에 속한다. 가령 민주주의를 예를 들어보자. 세계 각국이 서로 다른 형태로 민주주의를 하고 있다. 미국은 미국대로, 영국은 영국대로, 일본은 일본대로, 한국은 한국대로, 북한은 북한대로 사실은 조금씩 다르게 민주주의를 하고 있는 것이다. 가령 박 정희 전 대통령은 한국식 민주주의라는 말을 사용했던 적이 있다. 심지어 어떤 정치학자는 민주주의라는 개념 앞에 붙는 수식어가 100종류 이상이라고 주장하기도 한다. 그렇게 서로 다른 수많은 민주주의를 다른 점은 무시하고 공통성(주권이 국민에게 있으며 국민에 의해 국민을 위하여 정치를 행하는 주의라는 공통성)을 뽑아서 민주주의라는 개념이 가능해진다.

그럼 개념이 어떻게 만들어지는가에 대해 조금 더 자세하게 살펴보자. 예를 들어 사슴이라는 개념이 만들어지는 과정을 보자. 사실은 개념(언어)보다 사물(존재)이 먼저 있었으므로 사슴이라고 불려지는 수많은 사슴1, 사슴2, 사슴3,…… 사슴n 들이 있다. 키가 큰 사슴, 다리가 짧은 사슴, 귀여운 사슴, 더러운 사슴, 뿔이 짤린 사슴 등. 실제로 비교해보면 세상에 존재하는 사슴 모두가 다 다르다. 즉 사슴1 ≠ 사슴2 ≠ 사슴3 ≠ …… ≠ 사슴n 이다. 그러나 그렇게 다 다른 사슴1, 사슴2, 사슴3, 사슴n들의 개성을 무시하고 공통성을 추상화하여 우리는 이른바 사슴이라는 개념을 사용하게 된다. 여기서 조금 더 추상화하여 사슴이라 하지 말고 동물이라고 할 수 있다. 다시 추상화하여 생물이라고 할 수 있다. 마지막으로 더 추상화한다면 존재라고 할 수 있다. 사슴1, 사슴2, 사슴3,…… 사슴n ⇒ 사슴 ⇒ 동물 ⇒생물 ⇒존재.

이 개념의 연쇄에서 존재와 같이 개별적인 대상으로부터 멀리 있는 것일수록 의미가 분명하지 않아서 조심하여 사용하지 않으면 혼란을 초래하기가 쉽다. 가령 행복이라는 개념도 존재만큼이나 개별적인 대상으로부터 멀리 있는 개념이다. 그러나 실상 개별적인 대상에 가까이 있는 개념도 혼동을 일으키기는 마찬가지다. 예를 들어보자.

(1) 모든 사람은 죄인이다.
모든 죄인은 감옥에 간다.

그러므로 모든 사람은 감옥에 간다.

논증 (1)은 부당한 논증이다. 죄인이라는 개념을 애매하게 사용했기 때문이다. 행복이나 민주주의에 비하면 죄인은 비교적 쉬운 개념에 속한다. 그러나 첫째 전제에서 죄인은 기독교적 의미에서의 죄인이고 둘째 전제에서 죄인은 법률적인 의미에서의 죄인이다. 하나의 논증 안에서 한 개념을 두 가지 의미로 사용한 것이다.

개념은 외연과 내포로 이루어진다. 개념의 외연은 그 개념이 적용되는 사물들의 집합이고 개념의 내포는 그 개념이 적용되는 사물들을 명확히 규정하는 성질들의 집합이다. 예를 들어 <철학자>라는 개념을 보자. <철학자>라는 개념이 가리킬 수 있는 대상 전체 곧 모든 철학자를 통틀어 철학자의 외연이라 한다. 철학자의 내포는 철학자를 철학자라고 규정할 수 있는 속성이므로 <지혜를 사랑하는 사람>이라고 할 수 있다.

내포와 외연은 서로 반비례 관계에 있다. 내포의 양이 커지면 외연이 작아지고 내포의 양이 작아지면 외연이 그만큼 커진다는 것이다.

	내포	외연
생물	삶	모든 살아 있는 대상에 걸침
동물	삶, 움직임	생물중에 움직이는 대상에 한정
사람	삶, 움직임, 이성적	동물중에 이성적인 대상에 한정

표에서 보듯이 내포가 작을수록 외연이 커지고 반대로 내포가 많아지면 외연이 그만큼 줄어짐을 알 수가 있다.

내포를 늘이면 그 의미가 세밀하게 되고 특수화된다. 말하자면 내포가 많아진다는 것은 제한이 많아진다는 것을 의미한다. <학생>이라는 말에 <얌전한>이라는 제한을 가하면 내포를 증가시키어 특정한 학생으로 국한하게 되며, 그 외연은 그만큼 작아진다. 그러나 <학생>이라는 말 대신에 <청년> 또는 <사람>이라는 말을 쓰게 되면 외연이 넓어져 더 일반적인 지칭이 된다. 그래서 우리가 어떤 서술을 일반화해서 나타내고자 할 때에는 외연이 넓은 개념을 쓰게 되고 특수한 사항을 말하려 할 때에는 외연이 작은 개념을 선택하게 된다.

다음으로 개념과 개념의 관계에 대해 알아 보자. 개념과 개념의 관계에는 다섯 가지 관계가 있다.

첫째, 동일 관계: 내포는 서로 차이가 있지만 외연은 완전히 합치되는 두 개념간의 관계

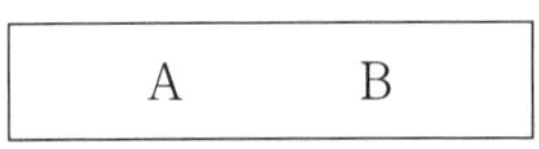

예: '서울' 과 '한국의 수도'

둘째, 대소 관계: 한 개념의 외연이 다른 개념 속에 완전히 포함되며, 또 그것이 다른 개념의 일부분으로 되어 있는 두 개념간의 관계.

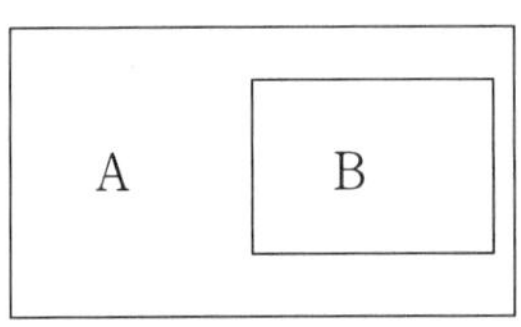

예: '학생'과 '고등학생'

셋째, 교차 관계: 두 개념간의 외연의 일부분이 서로 합치되는 두 개념간의 관계.

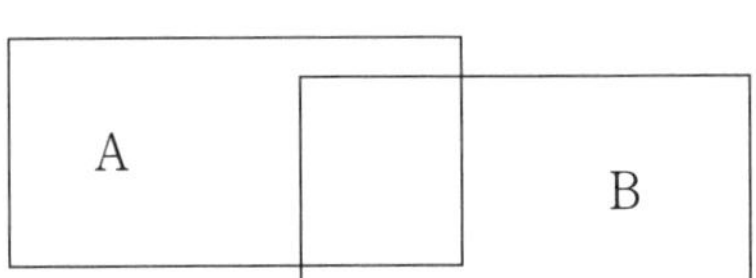

예: '성인'과 '여자'

넷째, 모순 관계: 한 가까운 유개념에 속하는 두 종개념의 외연이 완전히 다르며, 그들 외연을 합한 것이 그 유개념의 외연과 같은 두 개념간의 관계.

A	B

예: ‘희다’ 와 모순 관계인 낱말.

희다 하양	안 희다 빨강, 검정, 노랑

다섯째, 반대 관계: 한 가까운 유개념에 종속되는 두 종개념의 외연이 완전히 다르며, 그 외연을 합한 것이 그 유개념의 외연보다 좁은 두 개념간의 관계.

A		B

예: ‘희다’ 와 반대 관계인 낱말

희다 하양	빨강, 파랑, 노랑 초록, 보라, 주황	검다 검정

1) 유개념과 종개념

유개념과 종개념은 서로 포섭관계에 있는 개념이다. 유개념은 포섭하는 개념이고 종개념은 포섭되는 개념이다. 예를 들어 사람은 동물에 포섭되는 관계에 있다. 이 경우 사람에 대해서 동물을 유개념이라고 하고 동물에 대해서 사람을 종개념이라고 한다. 그러나 동물은 생물에 대해서는 종개념이다. 생물은 동물에 대해서 유개념이지만 존재에 대해서 종개념이다. 존재는 생물과 무생물을 포함하고 있기 때문이다. 존재라는 유개념에 대해서 생물과 무생물은 종개념이며 종개념인 생물과 무생물은 서로의 특징에 의하여 구별된다. 유개념과 종개념은 포섭의 상하관계로 인하여 상위개념과 하위개념이라고 한다. 즉 생물은 동물에 대해서 상위개념이고 생물에 대해서 하위개념이다. 그리고 생물에 포섭되는 두 하위개념인 식물과 동물은 같은 등급에 있으며 서로 종차가 다를 뿐이다.

3. 정의

앞에서 개념이 만들어지는 과정에서 살펴본 것 처럼 개념의 의미는 분명하지 않아서 우리에게 혼란을 초래하는 경우가 많다. 그래서 개념의 의미를 정확하게 할 필요가 있는 것이다. 정의(definition)는 바로 개념의 의미를 정확하게 규정하는 것이다. 영어 <define>은 정의하다는 의미 이외에 한정하다는 의미를 갖고 있다. 모든 정의는 피정의항=정의항의 구조를 지닌다. 피정의항(definiendum)은 정의되는 기호를 말하며, 정의항(definiens)은 의미를 설명하는데 사용된 기호이다.

어떤 토론회나 세미나에서 제일 중요하게 우선적으로 하는 작업이 중요개념에 대한 정의이다. 가령 정치인의 떡값에 대한 토론회에서 있었던 일이다. 과연 정치인의 떡값이란 무엇이고 뇌물과의 차이는 무엇인가? 사회자는 개념정의를 먼저 하고 시작한다. 정치인의 떡값이란 정치인이 정치를 하는 과정에서 다른 사람에게서 받는 돈이다. 그러나 뇌물은 무엇이란 말인가? 뇌물은 같은 돈인데 대가성이 있는 돈이다. 떡값은 대가성이 없는 돈이다. 그러니 1억을 받아도 대가성이 없으면 떡값이고 100만원을 받아도 대가성이 있으면 뇌물이 된다. 누가 이렇게 정의했는가 의아스럽지만 실제로 검찰과 법원에서 이런 대가성 기준을 가지고 사건을 판단한다. 99년 초에 있었던 경제청문회에서도 97년 11말 <IMF 구제금융>으로 가는 위기를 <환란>이라고 말하고 97년 초부터 있었던 정도가 약했던 위기를 <외환위기>라고 구별을 하였다. 둘 다 위기이지만 <환란>은 결정적 위기이었고 <외환위기>는 <환란> 이전부터 있었던 중대한 위기라는 것이다.

1) 정의의 규칙

첫째, 정의는 불명료하거나 은유적이어서는 안된다. "인생은 한 편의 연극"이라든가 "죽음은 영원한 휴식"이라는 정의는 문학적 표현이지 논리적 정의가 아니다.

둘째, 정의는 부정 표현으로 제시되어서는 안된다. 대머리나 고아 같은 경우는 불가피하지만 "남자는 여자가 아니다", "무한은 유한이 아닌 것"이라는 정의는 의미가 분명하게 드러나지 않는다.

셋째, 정의는 순환적이어서는 안 된다. "논리학은 논리를 연구하는 학문이다", "오각형은 다섯 개의 각을 가진 도형이다"라는 정의는 동어반복으로서 아무런 의미가 없다. "부모는 어버이를 말한다"와 같은 경우도 마찬가지이다.

넷째, 정의는 너무 넓어도 좁아도 안 된다. "산딸기는 식물의 열매"라고 한다면 너무 넓은 정의가 되고 "신발은 발을 감싸는 물건"이라고 한다면 너무 좁은 정의가 된다. 여기서 너무 너무 좁다는 것은 개념의 외연과 관련된 말이다.

다섯째, 정의는 정의되는 것의 본질적 특징을 진술해야 한다. 가령 “간호사”를 정의하는데 “친절하다”, “귀엽다” 등의 표현은 본질적인 특징이라고 할 수 없다. 그리고 “학생”의 경우도 본질적인 특징은 “공부한다”, “배운다”는 것이다.

2) 정의의 종류

① 약정적 정의(Stipulative Definition)

어떤 새로운 개념이 도입되었을 때나 기존의 개념이 매우 새로운 맥락에서 사용될 때 도입되는 정의이다. 이 때 의미부여는 그 개념을 도입하는 사람의 선택에 달려 있다. 이 경우 사용되는 정의가 약정적 정의이다. 약정적 정의는 참도 거짓도 아니다. 약정적 정의는 정의항이 나타내는 의미로 사용하겠다는 제안이나 결정, 또는 요청이나 명령이라고 보는 것이 적절하다. 약정적 정의를 다른 근거에서 평가할 수 있다. 어떤 목적으로 도입된 새로운 개념이 과연 그 목적에 이바지하느냐 아니냐를 따지는 문제는 사실의 문제이다. 그 정의가 매우 애매할 수도 있고 또는 너무 복잡해서 제대로 사용되지 못할 수도 있다. 따라서 약정적 정의가 필요하지만 모든 경우에 다 좋은 것은 아니다.

토마스 쿤(T. Kuhn)이 패러다임(paradigm)을 도입한 것은 약정적 정의의 좋은 예가 된다. 그리고 죽음의 기준을 뇌사로 할 것이냐 심장사로 할 것이냐의 문제도 약정적 정의의 문제라고 볼 수 있다. 생물학, 의학, 종교, 법학 등에서 각기 입장을 달리 해서 죽음을 정의할 수 있다.

② 사전적 정의(Lexical Definition)

일상적으로 사용하는 개념은 사용자의 습관이나 지식정도 등에 따라 그 뜻을 달리하는 수가 있는데 그런데서 오는 혼란을 막기 위해 개념의 뜻을 명확하게 규정해 놓은 필요가 있다. 사전적 정의는 바로 이런 기능을 한다. 약정적 정의에서 피정의항은 정의에 의해 도입되기 이전부터 어떤 의미를 갖고 있는 것이 아니기 때문에 참이거나 거짓일 수 없다. 그러나 사전적 정의에서 피정의항은 정의가 주어지기 이전에 독립적인 의미를 갖고 있으므로 그 정의가 그 의미를 제대로 보고하고 있는가 보고하고 있지 않은가에 따라서 참이 될 수도 있고 거짓이 될 수도 있다. 사전적 정의는 개념이 지금까지 갖고 있지 않던 의미를 부여하는 것이 아니라 그 개념이 이미 갖고 있던 의미를 말해 줄 뿐이다.

가령 <산이라는 개념은 주변의 지형보다 상당히 높이 솟아올라 있는 지형을 가리킨다.>는 정의는 사람들이 <산>이라는 말을 사용하는 방식에 대한 참인 보고이다.

③ 이론적 정의(Theoretical Definition)

이론적 정의는 주어진 개념이 적용되는 대상의 성격을 이론적으로 설명해 내려는 시도로서 주어지는 정의를 말한다. 물리학에 있어서 힘, 일, 에너지 등을 명확하게 규정하는 것이 그 예이다. 어떤 개념을 이론적으로 정의하는 것은 그 개념을 포함하는 하나의 이론을 받아들일 것을 제안한다는 뜻이다. 그리고 이론이란 언제나 논쟁을 불러일으킨다. 우리의 지식과 이론적인 이해가 증가함에 따라 하나의 정의는 다른 정의로 대체된다. 과학자나 철학자들이 가장 관심갖는 문제는 이론적 정의를 하는 작업일 것이다.

가령 과거에 물리학자들은 <열>을 어떤 측량할 수 없는 흐름이라고 정의했었다. 요즈음에는 <열>이란 어떤 물체가 그것을 이루고 있는 분자들의 불규칙 운동 때문에 가지게 되는 에너지의 양이라고 정의한다. 물리학자들이 시대에 따라 <열>을 다르게 정의하는 것은 그들이 시대에 따라 다른 열이론을 가지기 때문이다. 철학자들이 <인간>을 서로 다르게 정의하는 것은 각자가 인간에 대한 서로 다른 이론을 갖고 있기 때문이다.

④ 설득적 정의(Persuasive Definition)

사람들의 태도에 영향을 주려는 목적을 가진 정의이다. 설득적 정의는 언어가 가진 두 가지 용법과 관련이 있다. 언어는 사실을 기술하고 의견을 전달하는 기술적 용법을 갖고 있다. 한편 언어는 우리의 감정을 나타내거나 사람으로 하여금 일정한 행동을 유도하기 위해 사용되는 역동적 용법을 갖고 있다. 언어가 사람들의 마음에 일정한 정서적 반응을 낳는 측면을 언어의 정의적 의미(emotive meaning)이라고 한다. 설득적 정의는 다른 사람을 설득하기 위해 개념을 정의하는 것이다. 이런 경우 정의항에 정의적 의미를 가진 개념을 포함해야 한다.

가령 보수정론을 지향하는 월간지에서 <보수>를 <지배계층과 기득권층을 냉철한 이성으로 비판하기보다는 그들의 이익을 옹호하고 대변하는 것>이라고 정의하는 것은 사람들에게 부정적인 효과를 주어서 월간지 구독을 하지 말라는 권유나 설득을 하는 결과가 된다.

3장 비형식적 오류

1. 오류의 분류

타당하게 사고한다는 것은 일정한 규칙을 잘 지키는 것 이외에 오류를 피하고 오류에 빠지지 않는 것이다. 그러므로 오류의 종류가 무엇인가를 살펴서 그런 오류에 빠지지 않으려는 노력은 타당한 사고의 매우 중요한 부분을 차지한다. 오류는 일상적으로 잘못된 생각이나 거짓된 믿음을 가리키는 말로 사용된다. 그러나 논리적으로 오류는 논증이나 추론 또는 추리과정에서의 잘못이나 실수를 가리키는 말로 사용된다. 오류는 겉으로 보기에 타당하게 보이지만 실제로는 타당하지 않은 논증 형태라고 할 수 있다.

아리스토텔레스가 13가지 오류를 분류한 이후에 많은 논리학 책은 오류를 여러 가지 형태로 분류하였다. 논리학자에 따라서는 오류를 51 개로 또는 112개로 분류하기도 한다. 그러나 오류를 분류하는데 체계적인 기준이나 보편적인 기준은 없다. 드 모르강(De Morgan)이 지적한 바대로 사람들이 잘못을 저지르는 방법을 분류하는 기준 같은 것은 없다.

그러나 일반적으로 분류하면 오류에는 형식적 오류와 비형식적 오류가 있다. 형식적 오류는 타당한 논증형태와 관련된 것으로서 논리적 규칙을 위반하는 데서 일어나는 오류이다. 형식적 오류는 앞으로 논리적 규칙을 검토하면서 자세하게 다룰 것이다. 여기에서 검토할 것은 논리적 규칙과 관계없이 부주의하거나 언어의 애매성과 모호성 때문에 생기는 비형식적 오류이다.

비형식적 오류에는 다시 언어적 오류와 적합성의 오류가 있다. 언어적 오류는 언어의 애매성과 모호성에 의해 발생하는 오류와 전통논리학에서 강조의 오류, 결합의 오류와 분할의 오류 등이 포함된다. 적합성의 오류는 겉으로 보기에는 타당한 논증 처럼 보인다. 그러나 전제가 결론에 대해 제시하는 근거가 충분하지 않거나 부적절하거나 불확실해서 발생하는 오류들이다.

2. 언어적 오류

일상적으로는 애매함과 모호함을 구별하지 않지만 논리적으로는 애매함과 모호함의 구별이 중요하다. 문장의 한 낱말이 동일한 맥락에서 두 가지 이상의 의미를 가지고 있음에도 불구하고 그 중 어느 것을 그 맥락에서 의미하고자 하는 것인지가 분명하지 않을 경우, 우리는 그러한 문장이나 낱말을 애매(ambiguous)하다고 한다. "나는 배를 좋아한다"고 할 경우 그 배가 먹는 배인지 운송수단으로서의 배인지 아니면 (가능성이 희박하지만) 신체 부위상의 배인지가 분명하지 않다.

어떤 문장이나 개념이 모호(vague)하다는 것은 애매함과 같이 여러 뜻이 있는 것이 아니라 주어진 맥락 안에서 오직 하나의 뜻을 가지고 있지만 그것을 적용하는 범위가 결정되지 않아서 불확실한 것을 말한다. 가령 대머리라는 개념이 그런 경우이다. 대머리는 머리카락이 없는 사람을 대머리라고 한다는 의미에서 다의적이지 않다. 그러나 어느 정도 머리카락이 없어야 대머리라고 할 수 있는지 분명하지 않다. 그렇지만 대머리라는 개념을 이해하지 못하는 것은 아니다. 다만 대머리라는 개념을 적용할 수 있는지 아닌지가 분명하지 않다는 것이다. 애매함과 모호함의 오류는 개념의 경우와 문장(명제)의 경우로 나누어야 한다.

1) 애매어(語) 사용의 오류

모든 사람은 죄인이다.
모든 죄인은 감옥에 간다.
그러므로 모든 사람은 감옥에 간다.

2) 애매귀(句) 사용의 오류

아내는 나보다 돈을 더 좋아한다.

이 문장은 아내는 나와 돈 중에서 돈을 더 좋아한다는 뜻으로 해석할 수도 있고, 아내와 나 중에서 아내가 돈을 더 좋아한다는 뜻으로 해석할 수도 있다.

타인을 해치는 행위는 중형을 받아야 한다.
감기를 옮기는 것은 타인을 해치는 행위이다.
그러므로 감기를 옮기는 것은 중형을 받아야 한다.

3) 강조의 오류

어떤 문장의 특정 부분을 강조함으로써 그 뜻을 왜곡시키는 오류를 말한다.

우리는 직장에서(①) 여성을(②) 성희롱하지 말아야 한다.

위의 문장을 강조없이 읽으면 아무런 이상이 없다. 그러나 ①의 "직장에서" 부분을 유달리 강조하면 직장 아닌 다른 곳에서는 여성을 성희롱해도 된다는 뜻으로 해석할 수 있다. 또한 ②의 "여성을" 부분을 강조하면 남성은 성희롱해도 된다는 뜻으로 해석할 수 있다.

4) 합성의 오류(결합의 오류)

두 개의 개념을 잘못 결합하였을 때에 생기는 오류이다. 곧 개념을 개별적으로 쓰일 때의 속성을 한데 합쳤을 때에도 적용함으로써 발생하는 잘못이다.

그 여자는 눈, 코, 입 어딜 봐도 나무랄 데 없이 예쁘다고 하더라.
그러니까 그녀는 미인임에 틀림없을 것이다.

김 선생님의 의견도 틀렸다.
민 선생님의 의견도 틀렸다.
그러므로 선생님들의 의견은 틀렸다.

3과 5는 홀수이다.
8은 3과 5로 되어 있다.
그러므로 8은 홀수다.

5) 분할의 오류(분해의 오류)

위의 경우와는 반대로 개념을 그 구성 성분으로 분해하여 적용하는 오류이다. 원개념에 적용되는 사실을 그것을 분석하여 얻은 각 성분에도 적용하는 데서 오는 잘못이다.

이 물체는 자동차이다.
자동차를 분해하면 엔진과 차체로 나뉜다.
그러므로 엔진과 차체는 자동차이다.

12는 짝수다.
12는 5와 7로 나뉜다.
그러므로 5와 7도 짝수다.

3. 적합성의 오류

1) 우연에 의한 오류

일반적이거나 본질적인 일반 규칙을 우연한 예외의 경우에도 잘못 적용하는 데서 생기는 오류이다.

거짓말은 죄악이다. 의사는 환자를 안심시키려고 거짓말을 하였다. 그러므로 의사는 죄악을 범했다.

동물은 본능대로 산다. 사람은 동물이다. 그러므로 사람은 본능대로 산다.

대전제에 나온 일반 명제를 우연한 예외적인 경우에 그대로 적용하여 오류를 생기게 한 것이다.

2) 역우연의 오류

우연적인 특수한 사실에서 일반적이고 본질적인 것을 이끌어내는 데서 생기는 오류이다.

나는 음식을 먹고 병을 앓았다. 그러므로 음식은 해로운 것이다.
그 친구가 산에 갔다가 봉변을 당했다. 그러므로 산은 갈 데가 못 된다.
그가 운동을 하다가 다리를 다쳤다. 그러므로 운동을 해서는 안 된다.

우연한 일로 생긴 일을 가지고 일반화를 시도하여 생기는 오류이다.

3) 순환 논증의 오류

순환 논증이란 전제를 바탕으로 결론을 논증하고 다시 결론을 바탕으로 전제를 논증하는 것이다.

이것은 위대한 그림이다. 왜냐하면 모든 훌륭한 미술 평론가가 평하고 있기 때문이다. 훌륭한 미술 평론가란 이런 위대한 그림을 평하는 사람이다.

그는 덕망이 높다. 그는 인격자이니까. 그가 인격자인 것은 덕망이 높기 때문이다.

성서의 글은 모두 하느님의 말씀이다. 성서가 하느님의 말씀인 것은 성서에 쓰여 있기 때문이다. 그러므로 성서가 하느님의 말씀인 것은 의심할 여지가 없다.

성서가 하느님의 말씀"이라는 사실을 증명하지 않고 전제와 결론에 돌려가면서 쓰고 있다. 이처럼 전제가 결론에 의지하고 또 결론이 전제에 의지하는 추론을 순환 논증에 따른 오류라 말한다. 이런 일은 흔히 발생하는 것이므로 유의해야 한다.

4) 거짓원인의 오류

주어진 결과의 원인이 아닌 것을 원인으로 간주하거나, 앞서 발생했다는 점을 근거로 원인으로 간주하는 오류이다.

고대 중국인들은 일식을 "용이 해를 삼키는 것"이라고 생각했다. 따라서 일식이 일어나면 재앙이 일어난다고 믿었다. 그래서 일식이 시작되면 사람들이 모두 몰려나와 하늘을 향해 소리를 지르며 폭죽을 터트렸다. 그러면 용이 해를 토해내 일식을 막을 수 있다고 생각했던 것이다. 과연 사람들이 소리를 지르고 폭죽을 터트리자 해가 다시 나왔으므로 이러한 관습이 널리 행해졌다. 이때 해가 다시 나오는 원인을 폭죽과 고함소리라고 생각하는 것은 거짓 원인의 오류이다.

5) 복합질문의 오류

이것은 겉으로는 단순한 질문 같이 보이지만 내용적으로는 두 개 이상의 질문이 복합되어 있는 질문을 받았을 때 그 질문에 포함된 다양한 내용을 살피지 않고 단순하게 "예", "아니요"의 대답을 하였을 때 범하게 되는 오류이다.

너 그 물건 남대문에서 훔쳤지?

위와 같은 경찰관의 물음에 피의자가 아니오라고 대답하면 훔치긴 했는데 장소가 남대문이 아니라는 의미를 가지므로 불리한 상황에 처하게 된다. 그 물음은 "너 그 물건 훔쳤냐? 훔쳤다면 그 장소가 남대문이냐?"라는 물음으로 순차적으로 물어야 한다.

6) 사람에의 논증

사실이나 주장에 그 당사자의 신상 문제나 인격 문제를 끌어들이는 데서 생기는 오류이다. 가령, 상대방의 주장을 논박할 경우에 그 주장 자체의 옳고 그름을 떠나 발언의 동기나 화자의 인격, 지위, 종교, 사생활, 사고 방식 따위를 관련시켜 말할 때 범하는 오류이다.

> 그가 그것이 사실이라고 말한 것은 그의 종교관이나 사생활에서 비롯되었다.
> 그 여자가 자기 가정 일이나 잘 처리할 것이지, 사회 문제에 대하여 발설하는 것 자체가 문제이다.
> 아직 나이도 어린데 무엇을 안다고 진리 운운하는거야.

한편으로, 자기의 주장이나 남의 주장을 변호하는 데 논자의 지위, 경력, 학력 따위를 내세우는 경우도 마찬가지로 오류를 범한다.

> 내가 주장하는 바는 나의 오랜 경험과 지위가 뒷받침한다.
> 그건 권위자가 말하였으니 틀림 없지.
> 경험자도 모르는데 겪어 보지도 않은 사람이 알 리가 있어.
> 자네는 전에도 그런 오류를 범하였으니 믿기 어려워.

따위가 그것이다. 이것은 논점을 흐리게 만드는 논술이다.

7) 논점일탈의 오류

어떤 학설이나 의견을 반박할 경우에 그 내용의 잘못이나 논리적 모순 따위를 지적하지 않고 그것과 직접 관련이 없는 이유를 들어 문제의 핵심을 흐리게 만드는 오류이다.

> 그 학설은 보나마나 틀린 것이다. 그 학설을 말한 사람은 이름도 안 알려져 있지 않아.
> 그 사람이 그 의견을 내 놓은 것은 딴 목적이 있었을 거야. 그러니 그것은 보나마나지.

그 사람의 말은 사실이 아닐꺼야. 그가 가끔 거짓말을 하는 일이 있거든.

8) 권위에 의지하는 논증

권위있는 사람의 말이나 주장을 절대적으로 신봉하고 의지하는 데서 오는 오류이다.

그것은 더 논의할 여지가 없다. 일찍이 공자나 석가가 말한 일이니까.
성경에도 그렇게 쓰여 있는데 무얼 그래.
말이 많으면 안 된다. 속담에도 말 많은 집의 간장은 쓰다고 했다.
그것은 외국의 권위자들이 다 주장하는 것이니 섣불리 의심하지 말라.
우리가 음력으로 설을 쇠는 것은 오랜 전통에 입각한 것이니 논란의 여지가 없소

9) 힘에 의지하는 오류

이성적으로 상대방을 설복하려 하지 않고 힘을 과시하거나 협박하는 방식으로 주장을 펴는 데서 오는 오류이다.

우리의 의견에 찬동하지 않으려거든 이곳을 떠나시오. 다수의 의견에 따르지 않는 사람은 민주국가에서는 설 자리가 없는 법이니까요.
이 길은 삶의 길이니 딴 길로 가는 것은 멸망이 있을 뿐이다.
칼이 아니면 코란을 드시오.

이것은 반이성적이고 부조리한 논술 태도로서 지나친 권위주의에서 나온 발상이다.

10) 무지에 호소하는 오류

어떤 주장이 참임을 입증할 수 있는 방법을 모른다는 것을 근거로 하

여 그것은 거짓이라고 논증하는 오류이다. 가령 "귀신이 없다는 사실을 증명하지 못하기 때문에 귀신은 존재한다"와 같은 주장이 그런 예이다. 그러나 명제의 검증이나 반증의 방법에 대한 무지가 그 명제의 거짓 또는 참을 규정하는데 적절하다고 볼 수 없다.

11) 감정에 호소하는 오류

논리와 관계없는 감정에 호소함으로써 논의의 타당성을 주장할 때 빚어지는 오류이다. 가령 어떤 변호인이 피고의 범죄 사실을 도외시하고 피고의 석방만을 위해 판사의 동정심에 호소하는 다음과 같은 변론이 그 한 가지 예이다.

> 피고는 어머니 없는 일곱 어린이의 아버지이며, 더욱이 병환 중에 있는 늙으신 부모님까지 모시고 있는 형편입니다. 그가 하루라도 벌지 못한다면 그의 일곱 어린이는 굶주려야 하고 늙은 부모는 약도 써보지 못하고 죽을 수밖에 없습니다. 철없는 어린이들이 무슨 죄가 있습니까? 병든 부모를 돌보지 못하게 하는 것이 인간의 도리입니까? 피고는 마땅히 석방되어야 합니다.

12) 대중에 호소하는 오류

냉철한 이성을 바탕으로 조리있게 논의하는 것이 아니라 사람들의 감정에 호소하여 자기의 주장을 유리하게 이끌어 가는 데서 생기는 오류이다. 선동적인 정치가들이 흔히 범하는 오류이다. 곧 대중의 잘못된 편견이나 여론 등에 호소하여 논점을 벗어나는 것이다.

> 여러분! 내가 이것을 주장한다고 해서 내 개인에 이익이 되는 것은 조금도 아닙니다. 다만 저 불쌍한 동포들, 헐벗고 굶주리는 사람들을 돕고자 하는 데 근본 취지가 있습니다.

이것이 그의 피로 물들인 옷이다. 이 예리한 칼 자국을 보라. 우리에게는 그의 뜨거운 피가 흐르고 있다. 우리는 이 사건을 규명하고야 말 것이다. 여러분 일어나세요.

위와 같이 주장 내용의 타당성보다는 그것을 무조건 받아들이도록 대중의 감정을 자극하고 선동하거나 여론을 환기시키는 것이다.

13) 우물에 독 뿌리는 오류

자기 편의 입장에 반대되는 주장을 하는 것은 나쁜 것 또는 불건전한 것으로 규정하면서 반론을 제기할 수 있는 가능성을 원천적으로 봉쇄하는 오류이다.

우리가 추구하는 것은 그 누구도 반대할 수 없습니다. 만약 우리의 이상에 반대하는 사람이 있다면 그는 반역자라고 아니할 수 없습니다.

제 정신을 가진 사람이라면 우리의 제안을 반대할 수는 없을 것입니다.

우리 당이 추구하는 것은 복지사회입니다. 우리의 이상에는 그 누구도 반대할 수 없을 것입니다. 만일 우리 당의 이상에 반대하는 사람이 있다면 그는 정신이상자라고 아니 할 수 없습니다. 자, 여러분은 우리 정당을 선택하여 복지사회를 이룩하시렵니까? 아니면 반대하여 정신이상자가 되시렵니까?

14) 피장파장의 오류

비판받은 내용이 비판하는 사람에게도 역시 동일하게 적용됨을 근거로 비판에서 벗어나려는 오류이며 역공격의 오류라고 할 수 있다. 다음과 같은 예를 들 수 있다.

아빠도 초등학교 때 공부를 못했다면서 맨날 나보고 공부 잘하라고 꾸중해!

철수: 짱구야, 흡연은 건강에 해로워. 너 지난달 건강검진에서 폐가 안 좋다고 얘기했잖아. 이 참에 그만 담배 끊지!

짱구: 사돈 남 말하고 있네! 너도 하루에 담배 두 갑이나 피우잖아. 너나 잘하세요!

15) 흑백사고의 오류

원소가 셋 이상인 어떤 종류(집합)의 원소가 단 두 개밖에 없다고 여기고 추리하는 오류이다. 어떤 대상의 색깔이 하얗지 않다는 전제에서 그 대상이 검다는 결론을 내리는 것은, 그 대상이 가질 수 있는 색이 하얀색과 검정색의 단 둘뿐이라는 가정을 하고 있는 것으로, 두 가지 색 외에 다른 많은 색이 있다는 것을 간과하는 오류를 범하고 있다.

신의 존재를 믿지 않는다고요? 그럼 당신은 무신론자군요.

유신론자가 아니라고 해서 무신론자라는 결론은 나오지 않는다. 불가지론자일 수도 있다. 일반적으로 이 오류는 선언지제거법의 형식을 취하고 있다. 따라서 논증의 형식 자체는 타당하지만, 선언지가 둘에 그치지 않은 경우를 둘에 그친다고 생각하는 데서 오류가 발생한다.

연습문제

다음 추리가 범한 오류를 지적하시오.

1) A 대학 축구팀의 개개의 선수는 훌륭하다.
그러므로 A 대학 축구팀은 훌륭한 팀이다.

2) 미국의 국회는 훌륭한 입법기관이다.
그러므로 미국의 국회의원은 훌륭한 입법자이다.

3) 사람은 누구나 걸을 때 팔을 흔든다.
그러므로 팔을 흔드는 것이 걷는 것의 원인이다.

4) 모든 사람은 죄인이다. 모든 죄인은 감옥에 간다.
그러므로 모든 사람은 감옥에 간다.

5) 별이는 이 문제를 풀지 못했다.
솔이도 이 문제를 풀지 못했다.
그러므로 솔이와 별이가 이 문제를 같이 풀어도 이 문제를 풀지 못한다.

6) 귀신은 분명히 있다. 왜냐하면 귀신이 없다는 것 이 입증되지 않았기 때문이다.

7) K 고교 3학년 학생들의 대학진학율은 70%이다
따라서 K 고교 3 학년 이 모군의 대학진학율도 70%이다.

8) 아침은 밤이 지나야 온다. 그러므로 밤 때문에 아침이 생겨난다.

9) 자연상태의 동물은 보호되어야 한다. 그런데 바퀴벌레를 그렇게 잔인하게 밟아죽이다니.

10) 신입사원이 무엇을 알겠어? 그의 의견은 고려대상이 안 돼.

II. 고전논리학

4장 정언명제

5장 직접추리1
– 대당관계에 의한 직접추리

6장 직접추리2
– 명제변형에 의한 직접추리

7장 간접추리 1
– 정언삼단논법

8장 간접추리 2
– 약식삼단논법, 연쇄식

9장 간접추리 3
– 가언, 선언 삼단논법, 양도논법

논증에는 연역논증과 귀납논증이 있다. 연역논증에는 다시 고전논리학과 기호논리학으로 나뉘며 고전논리학은 직접추리와 간접추리로, 기호논리학은 명제논리와 한량논리로 나뉜다. 고전논리학은 일상언어를 사용하고 기호논리학은 일상언어를 기호로 나타내어 기호만을 사용한다.

4장 정언명제

1. 명제

논증을 이루는 전제와 결론은 모두 명제이다. 명제의 특성과 명제의 종류에 대해 살펴보자. 앞에서 명제는 참 · 거짓을 판별할 수 있는 서술문이라고 했다. 달리 말하면 명제는 어떤 사실에 대한 판단을 내리고 그것을 언어로 표현한 것이다. 가령 어떤 사물에 대해 그것이 책상이라든가 무겁다고 판단하고 그 판단내용을 언어로 표현한 것이 명제이다. 이 경우 "이것은 책상이다", "이것은 무겁다"라는 명제가 가능해진다. 그리고 이 명제에 대해 참 또는 거짓이라는 진리치가 부가된다.

명제가 성립하기 위해서는 판단의 대상이 되는 주어와 그 대상이 어떠하다고 나타내주는 술어 그리고 주어와 술어를 연결시켜주는 연결어가 필요하다. "이 책상은 무겁다"라는 명제의 경우 "이 책상"은 주어이며, "무겁다"는 술어이고 "…은 ……이다"는 연결어이다. 주어는 다른 말로 주사(主辭)라고 하며 술어는 다른 말로 빈사(賓辭)라고 한다. 연결어는 다른 말로 계사(繫辭)라고 한다. 보통 주사는 영문자 약자로 "S"(subject)로 표시하며 빈사는 "P"(pre- dicate)로 표시한다.

명제는 크게 구분하면 세 가지로 분류된다.

1) 정언명제

"이 책상은 무겁다"와 같이 주어에 대해 술어를 단정적으로 나타내는 명제이다.

2) 가언명제

"내가 너를 때리면 너는 아플 것이다"와 같이 가설적인 조건 하에서 주어와 술어의 관계를 나타내는 명제이다.

3)선언명제

"나는 이번 학기에 장학금을 타던가 타지 못할 것이다"와 같이 술어가 둘 이상의 항들 중에서 선택될 수 있도록 표현되는 명제이다.

이 세 가지 명제 중에서 기본적인 것은 정언명제이다.

2. 정언명제

1) 명제의 양과 질

명제의 양(量)은 명제가 주장하는 내용이 주어가 지시하는 대상 전체에 대한 것이냐 혹은 일부분에 대한 것이냐에 따라 결정된다. 주어의 지시내용 전체에 대한 명제는 전칭명제이고 주어의 지시내용 일부분에 대한 명제는 특칭명제라고 한다. 전칭명제는 "모든 S는 …이다"라는 식으로 표현되며 예를 들면 "모든 공룡은 사납다"이다. 특칭명제는 "약간의 S는 …이다"라는 식으로 표현되며 예를 들면 "약간의 공룡은 사납다"이다.

명제의 질(質)은 주어와 술어의 일치여부를 말하는 것인데 주어와 술어가 일치관계에 있으면 그것은 긍정명제이며 주어와 술어가 불일치관계에 있으면 그것은 부정명제이다. 예를 들면 "모든 펭귄은 동물이다"라는 명제는 긍정명제이며, "약간의 거짓말은 나쁜 것이 아니다"라는 명제는 부정명제이다.

2) 표준적인 정언명제

명제의 양과 질을 결합하면 다음과 같은 표준적인 정언명제 네 가지가 가능해진다.

① 전칭긍정명제 – 모든 S는 P이다.
예: 모든 고래는 포유동물이다.

② 전칭부정명제 – 어느 S도 P가 아니다.
예: 어느 인간도 로봇이 아니다.

③ 특칭긍정명제 – 약간의 S는 P이다.
예: 약간의 사람들은 쌍둥이다.

④ 특칭부정명제 – 약간의 S는 P가 아니다.
예: 약간의 국회의원은 여당의원이 아니다.

위 네 가지 명제는 약자로 불려진다. 전칭긍정명제는 A, 전칭부정명제는 E, 특칭긍정명제는 I, 특칭부정명제는 O라고 한다. 이것은 긍정을 의미하는 라틴어 Affirmo와 부정을 의미하는 라틴어 Nego에서 모음을 취한 것이다. 즉 Affirmo에서 첫째 모음 A와 둘째 모음 I를 따서 각각 전칭긍정명제(A), 특칭긍정명제(I)라고 하였다. 그리고 Nego에서 첫째 모음 E와 둘째 모음 O를 따서 각각 전칭부정명제(E), 특칭부정명제

(O)라고 하였다.

3)정언명제의 벤다이어그램(Venn Diagram)

영국의 수학자이며 논리학자인 George Boole(1815-64)은 명제를 집합으로 표시하는 방법을 고안하여 현대논리학의 발전에 중요한 공헌을 하였다. 영국의 논리학자이며 수학자인 John Venn(1834-1923)은 Boole의 집합관계를 표시하기 위해 Diagram을 처음 사용하였다. 이 Diagram을 흔히 Venn Diagram이라고 한다. Diagram의 장점은 매우 직관적이라는데 있다.

정언명제는 주어와 술어의 관계를 나타내고자 하는 것이므로 주어와 술어를 각각 원으로 표시되는 S 집합과 P 집합으로 나타내고 두 집합의 일부가 겹쳐지도록 표시한 다음 이 두 집합 사이의 관계를 명확히 나타내주면 정언명제의 벤다이어그램을 그릴 수 있다. 벤다이어그램에서 사선으로 나타나는 부분은 공집합임을 의미하며, ×로 표시되는 부분은 적어도 하나 이상의 구성원이 있음을 즉, 공집합이 아님을 의미한다.

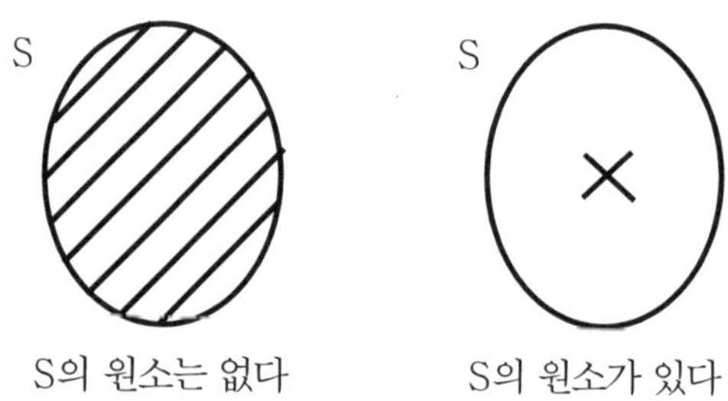

① 전칭긍정명제의 벤다이어그램

전칭긍정명제 "모든 S는 P이다"는, S는 모두 P이기 때문에 P에 속하지 않는 S는 없다는 것을 의미한다. 그러므로 P에 속하지 않는 S 부분은 공집합으로 나타내는 것이다.

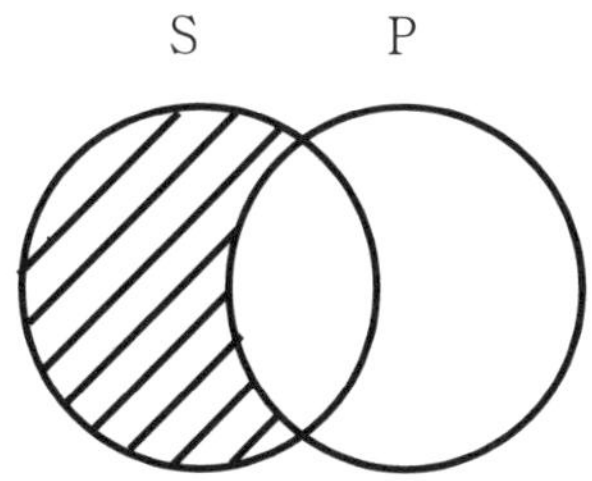

② 전칭부정명제의 벤다이어그램

전칭부정명제 “어느 S도 P가 아니다”는 S 중에 P에 속하는 원소는 하나도 없다는 것을 말한다. 그러므로 S의 원소이면서 P에도 속하는 부분에 원소가 없다는 것을 나타내기 위해 사선을 친다.

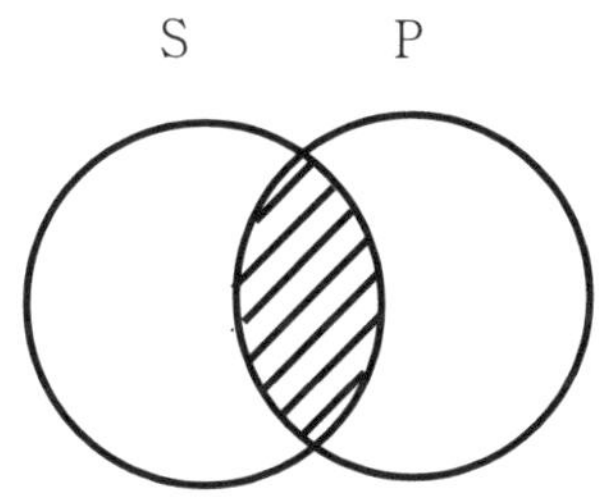

③ 특칭긍정명제의 벤다이어그램

특칭긍정명제 “약간의 S는 P이다"는 S의 원소 중에 적어도 하나는 P에 속한다는 것을 의미한다. 그래서 P에 속하면서 S인 부분에 × 표시를 한다.

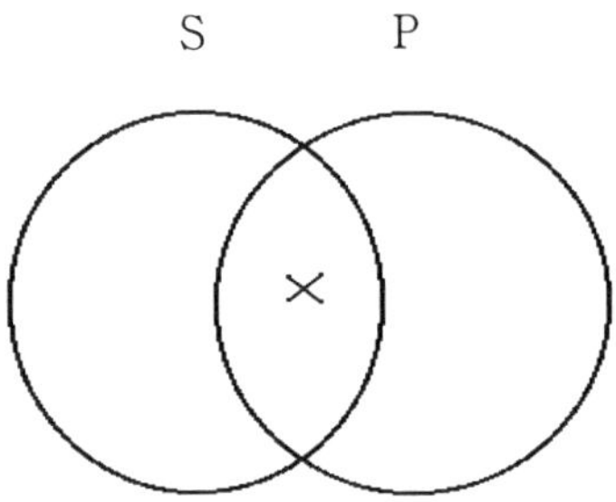

④ 특칭부정명제의 벤다이어그램

특칭부정명제 "약간의 S는 P가 아니다"는 S의 원소 중에 적어도 하나는 P에 속하지 않는다는 것을 의미한다. 그러므로 P에 속하지 않는 S 부분에 × 표시를 한 것이다.

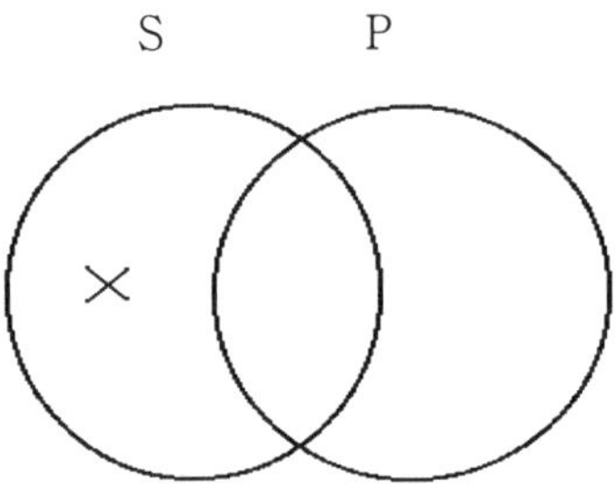

3. 주연과 부주연

논증의 타당성 여부를 판정하는데 주연과 부주연은 결정적으로 중요하다. 주연과 부주연은 개념의 외연과 관련되어 있다. 개념의 외연 전체를 언급하였을 때는 주연되었다고 한다. 반면에 개념의 외연 일부분을 언급하였을 때는 부주연되었다고 한다. 정언명제의 주사와 빈사가 주연인가 부주연인가를 오일러(L. Euler) 도식으로 살펴보자. 여기에서는 사선 친 부분은 적어도 하나 이상의 원소가 존재함을 나타내는 부분이다.

1) 전칭긍정명제

전칭긍정명제는 "모든 고래는 포유동물이다“ 처럼 주사의 외연 전체가 빈사에 포함되어지는 경우이다. 이 예에서 고래 전체는 포유동물이므로 고래는 주연되었고, 포유동물 전체가 고래인 것은 아니고 그 일부분만 고래이므로 포유동물은 부주연되었다. 이것을 오일러 도식으로 나타내면 다음과 같다.

S : 고래: 주연
P : 포유동물: 부주연

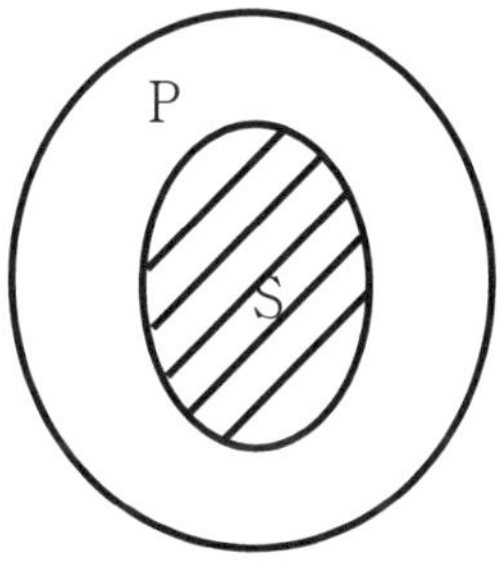

2) 전칭부정명제

전칭부정명제는 “어느 인간도 로봇이 아니다” 처럼 주사 전체가 빈사 전체와 아무 일치가 없다는 것을 주장한다. 이 예는 모든 인간은 로봇이 아니고 모든 로봇은 인간이 아니라는 주장이다. 따라서 전칭부정명제는 주사도 주연되어 있고, 빈사도 주연되어 있음을 알 수 있다. 이것을 오일러 도식으로 나타내면 다음과 같다.

S : 인간: 주연
P : 로봇: 주연

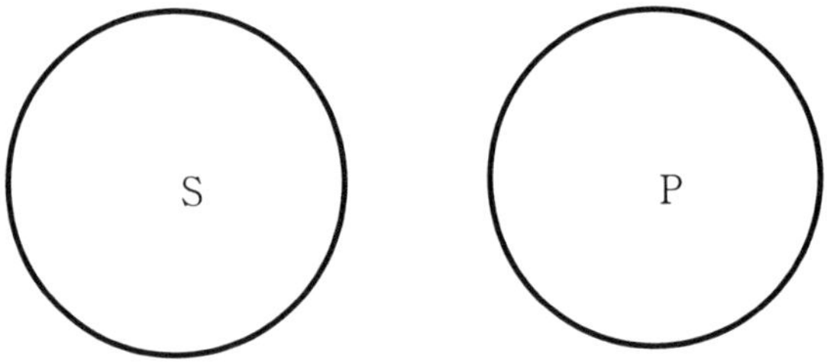

3)특칭긍정명제

특칭긍정명제는 "약간의 사람들은 쌍둥이다" 처럼 주사 일부분이 빈사 일부분과 일치한다는 것이 그 특징이다. 사람들 중에 일부는 쌍둥이이며, 쌍둥이 중에 일부는 사람이라는 것이다. 이것을 오일러 도식으로 나타내면 다음과 같다.

S P

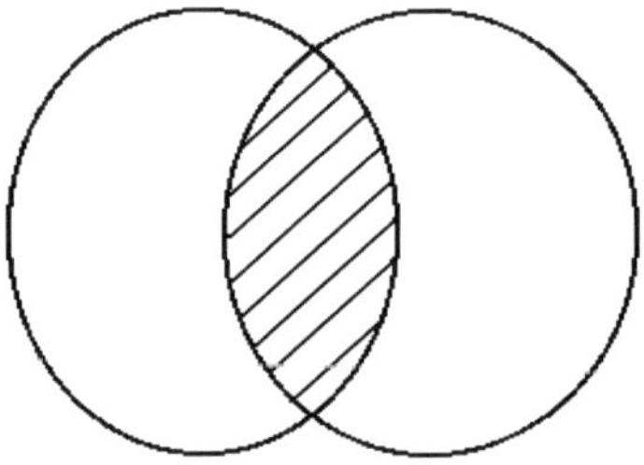

S: 사람: 부주연
P: 쌍둥이: 부주연

4)특칭부정명제

특칭부정명제는 "약간의 국회의원은 여당의원이 아니다" 처럼 국회의원 중의 일부는 여당의원과 아무 관련이 없다는 것이다. 따라서 주사는 부주연되어 있고 빈사는 주연되어 있다. 이것을 오일러 도식으로 나타내면 다음과 같다.

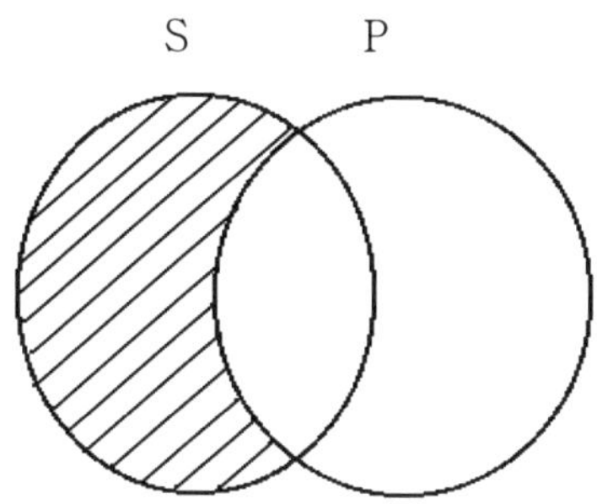

S: 국회의원: 부주연
P: 여당의원: 주연

이제까지 살펴본 정언명제의 주사와 빈사의 주연 · 부주연 관계를 도표로 나타내면 다음과 같다.

명제의 종류	형식	주사	빈사
전칭긍정명제(A)	모든 S는 P이다.	주연	부주연
전칭부정명제(E)	어느 S도 P가 아니다	주연	주연
특칭긍정명제(I)	약간의 S는 P이다.	부주연	부주연
특칭부정명제(O)	약간의 S는 P가 아니다	부주연	주연

위 도표에서 살펴본 것 처럼 주사는 전칭이면 주연이고 특칭이면 부주연이며, 빈사는 긍정이면 부주연이고 부정이면 주연이다.

5장 직접추리1-대당관계에 의한 직접추리

직접추리는 하나의 전제에서 새로운 판단인 결론을 직접 이끌어 내는 추리를 말한다. 그러므로 직접추리는 두 명제 사이에서 이루어지는 추리이다. 직접추리에는 대당관계에 의한 직접추리와 명제변형에 의한 직접추리 두 종류가 있다. 먼저 대당관계에 의한 직접추리부터 살펴보도록 한다.

대당(對當, opposition)이란 동일한 주사와 빈사를 가지면서 명제의 양과 질이 다른 두 명제 사이의 관계를 지칭하는 말이다. 가령 "모든 고래는 포유동물이다"라는 명제와 "약간의 고래는 포유동물이다"라는 명제는 주사와 빈사가 같다. 앞의 전칭긍정명제가 참인 전제라면 뒤의 특칭긍정명제의 참 · 거짓을 추리해 볼 수 있다. 이렇게 주사와 빈사가 같고 명제의 양과 질은 다른 두 명제에서 한 명제의 참 · 거짓을 근거로 다른 명제의 참 · 거짓을 추리해 내는 추리를 대당관계에 의한 직접추리라고 한다.

대당관계에는 모순대당, 대소대당, 반대대당, 소반대대당 등 네 가지가 있다. 그리고 전칭긍정명제(A), 전칭부정명제(E), 특칭긍정명제(I), 특칭부정명제(O) 각각에 대해 대당관계에 의한 직접추리를 할 수 있다. 아리스토텔레스는 이런 관계를 사각형으로 그려서 알기 쉽게 다음과 같이 표현하였으며 이를 아리스토텔레스의 대당의 정방형이라고 한다.

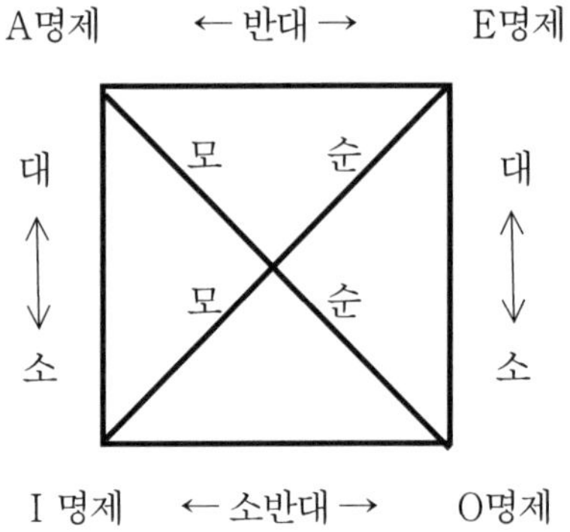

1. 모순대당

모순대당(contradictories)은 명제의 양과 질이 모두 다른 전칭긍정명제(A)와 특칭부정명제(O)의 대당관계 그리고 전칭부정명제(E)와 특칭긍정명제(I)의 대당관계를 말한다. 모순대당은 대당사각형에서 서로 대각선으로 관계되는 명제들 사이의 관계이다. 모순대당관계에 있는 두 명제는 한 명제가 참이면 다른 한 명제는 반드시 거짓이고 한 명제가 거짓이면 다른 한 명제는 반드시 참이다. 달리 말하면 모순대당관계에 있는 두 명제는 같이 참일 수도 없고 같이 거짓일 수도 없다.

A명제 : 모든 고래는 포유동물이다. = 참

∴ O명제 : 약간의 고래는 포유동물이 아니다. =거짓

E명제 : 어느 사람도 로봇이 아니다 = 참

∴ I명제 : 약간의 사람은 로봇이다. = 거짓

O명제 : 약간의 까치는 새가 아니다 = 거짓

∴ A명제 : 모든 까치는 새이다. = 참

I명제 : 약간의 사람은 성인이다. = 거짓

∴ E명제 : 어느 사람도 성인이 아니다. = 참

2. 대소대당

대소대당(subalternation)은 명제의 질은 같고 양이 다른 전칭긍정명제(A)와 특칭긍정명제(I) 그리고 전칭부정명제(E)와 특칭부정명제(O) 사이의 대당관계를 말한다. 대소대당은 전칭명제(A명제, E명제)와 특칭명제(I명제, O명제) 사이의 관계이므로 네 가지로 나누어 고려해야 한다. 첫째, 전칭명제가 참인 경우 특칭명제의 진리치 구하기. 둘째, 전칭명제가 거짓인 경우 특칭명제의 진리치 구하기. 셋째, 특칭명제가 참인 경우 참인 경우 전칭명제의 진리치 구하기. 넷째, 특칭명제가 거짓인 경우 전칭명제의 진리치 구하기.

1) 전칭명제가 참인 경우 특칭명제는 반드시 참이다.

전체에 대해 언급하는 전칭명제가 참이라면 부분에 대해 언급하는 특칭명제는 당연히 참이어야 한다. 이것은 편유편무의 법칙(遍有遍無의 法則)에 기초한다. 이 법칙은 전체에 대해 참인 것은 그 부분에 대해서도 참이라는 내용이다.

A명제 : 모든 식물은 생물이다. =참

∴ I명제 : 약간의 식물은 생물이다. = 참

E명제 : 어느 식물도 동물이 아니다. = 참

∴O명제 : 약간의 식물은 동물이 아니다. = 참

2) 전칭명제가 거짓인 경우 특칭명제는 진위불명이다.

전체가 거짓이면 그 부분은 거짓일 수도 있고 참일 수도 있다. 즉, 전체가 거짓이라고 해서 그 부분도 거짓인 것은 아니다. 따라서 전칭명제가 거짓이면 특칭명제는 진위불명이다.

A명제 : 모든 사람은 과학자이다. = 거짓

∴ I명제 : 약간의 사람은 과학자이다. =진위불명

E명제 : 어느 사람도 화가가 아니다. = 거짓

∴ O명제 : 약간의 사람은 화가가 아니다. = 진위불명

3) 특칭명제가 참인 경우 전칭명제는 진위불명이다.

특칭명제가 참인 경우 전칭명제는 참인 경우도 있고 거짓인 경우도 있으므로 참 · 거짓 여부를 결정적으로 말할 수 없다. 일부분이 참이더라도 다른 부분들의 진리치를 아직 알지 못하므로 전체의 진리치를 알 수 없는 것이다.

I명제 : 약간의 사람은 동물이다. = 참

∴A명제 : 모든 사람은 동물이다. = 참

I명제 : 약간의 사람은 군인이다. = 참

∴A명제 : 모든 사람은 군인이다. = 거짓

O명제 : 약간의 사람은 식물이 아니다. = 참

∴ E명제 : 모든 사람은 식물이 아니다. = 참

O명제 : 약간의 사람은 군인이 아니다. = 참

∴ E명제 : 모든 사람은 군인이 아니다. = 거짓

위에서 보듯이 I명제가 참인 경우 A명제는 참인 경우도 있고 거짓인 경우도 있다. 그리고 O명제가 참인 경우 E명제는 참인 경우도 있고 거짓인 경우도 있다. 따라서 특칭명제가 참일 경우 전칭명제의 진리치는 형식적으로 말할 수 없다는 것이다. 특칭명제가 참일 경우 전칭명제는 진위불명이다.

4) 특칭명제가 거짓인 경우 전칭명제는 반드시 거짓이다.

부분에 대해 거짓인 것은 전체에 대해서도 거짓이다. 일부분이 거짓이면 다른 부분의 진리치가 무엇이든지 전체는 거짓이라는 것이다.

I명제 : 약간의 까마귀는 까치이다. = 거짓

∴ A명제 : 모든 까마귀는 까치이다. = 거짓

O명제 : 약간의 사람은 거짓말쟁이가 아니다.= 거짓

∴ E명제 : 어느 사람도 거짓말쟁이가 아니다. = 거짓

3. 반대대당

반대대당(contraries)은 명제의 양은 같고 질이 다른 두 명제인 전칭긍정명제(A명제)와 전칭부정명제(E명제) 사이의 관계이다.

1) A명제와 E명제 중 한 명제가 참이면 다른 한 명제는 반드시 거짓이다.

A명제 : 모든 실존주의자는 철학자이다. = 참

∴ E명제 : 어느 실존주의자도 철학자가 아니다. = 거짓

E명제 : 어느 인긴도 기계가 아니다. = 참

∴ A명제 : 모든 인간은 기계이다. = 거짓

2) A명제와 E명제 중 한 명제가 거짓이면 다른 한 명제는 진위불명이다.

A명제 : 모든 사람은 군인이다. = 거짓
E명제 : 어느 사람도 군인이 아니다. = 거짓

A명제 : 모든 까치는 까마귀이다. = 거짓
E명제 : 어느 까치도 까마귀가 아니다. = 참

E명제 : 어느 사람도 경찰이 아니다. = 거짓
A명제 : 모든 사람은 경찰이다. = 거짓

E명제 : 어느 독수리도 조류가 아니다. = 거짓
A명제 : 모든 독수리는 조류이다. = 참

반대대당 관계에 있는 A명제와 E명제는 다같이 거짓일 수 있지만 다같이 참일 수 없다.

4. 소반대대당

소반대대당(subcontraries)은 명제의 양은 같고 질은 다른 특칭긍정명제(I명제)와 특칭부정명제(O명제) 사이의 대당관계이다.

1) I명제와 O명제 중 한 명제가 참이면 다른 명제는 진위불명이다.

I명제 : 약간의 사람은 거짓말장이다 = 참

∴O명제 : 약간의 사람은 거짓말쟁이가 아니다. = 참

I명제 : 약간의 나비는 곤충이다. = 참

∴O명제 : 약간의 나비는 곤충이 아니다. = 거짓

O명제 : 약간의 사람은 군인이 아니다. = 참

∴I명제 : 약간의 사람은 군인이다. = 참

O명제 : 약간의 거북이는 토끼가 아니다. = 참

∴I명제 : 약간의 거북이는 토끼이다. = 거짓

2) I명제와 O명제 중 한 명제가 거짓이면 다른 한 명제는 반드시 참이다.

I명제 : 약간의 여고생은 남자이다. = 거짓

∴ O명제 : 약간의 여고생은 남자가 아니다. = 참

O명제 : 약간의 철학자는 교수가 아니다. = 거짓

∴ I명제 : 약간의 철학자는 교수이다. = 참

소반대대당관계에 있는 I명제와 O명제는 다같이 참일 수 있지만 다같이 거짓일 수는 없다.

지금까지 살펴본 A명제, E명제, I명제, O명제의 네 가지 대당관계를 다음과 같이 표시할 수 있다.

	A	E	I	O
A:참	참	거짓	참	거짓
E:참	거짓	참	거짓	참
I:참	진위불명	거짓	참	진위불명
O:참	거짓	진위불명	진위불명	참

	A	E	I	O
A:거짓	거짓	진위불명	진위불명	참
E:거짓	진위불명	거짓	참	진위불명
I:거짓	거짓	참	거짓	참
O:거짓	참	거짓	참	거짓

이상에서 살펴본 대당관계 네 가지는 아무런 제한없이 적용될 수 있는가? 그렇지 않다. 가령 A명제가 참일 경우 O명제의 진리치를 구해보자. A명제와 O명제는 모순대당이므로 A명제가 참이라면 O명제는 거짓이다. 그러나 다음과 같은 방식으로 O명제의 진리치를 구해 보자.

주어진 명제 : 모든 S는 P이다.(A명제) 참
모순대당 : 약간의 S는 P가 아니다.(O명제) 거짓

주어진 명제 : 모든 S는 P이다.(A명제) 참
반대대당 : 어느 S도 P가 아니다. (E명제) 거짓
모순대당 : 약간의 S는 P이다. (I명제) 참
소반대대당 : 약간의 S는 P가 아니다. (O명제) 진위불명

A명제로부터 모순대당에 의해 O명제의 진리치를 구할 경우와 A명제로부터 반대대당, 모순대당, 소반대대당을 거쳐 O명제의 진리치를 구할 경우는 다른 결과는 다르다.

물론 I명제를 근거로 E명제의 진리치를 구할 경우에도 동일한 현상이 발생한다.

주어진 명제 : 약간의 S는 P이다. (I명제) 거짓
모순대당 : 어느 S도 P가 아니다. (E명제) 참

주어진 명제 : 약간의 S는 P이다. (I명제) 거짓
소반대대당 : 약간의 S는 P가 아니다. (O명제) 참
모순대당 : 모든 S는 P이다. (A명제) 거짓
반대대당 : 어느 S도 P가 아니다. (E명제) 진위불명

이러한 현상이 생기는 이유는 반대대당과 소반대대당의 성질 때문이다. 반대대당은 A명제와 E명제가 둘 다 거짓일 수 있고, 소반대대당은 I명제와 O명제가 둘 다 참일 수 있다. 결국 반대대당과 소반대대당을 각각 혹은 함께 두 번 이상 적용하면 항상 진위불명이 된다. 그러므로 대당관계에 의한 직접추리에서 반대대당이나 소반대대당을 두 번 이상 적용하거나 두 가지를 함께 적용하지 말아야 한다.

6장 직접추리2-명제변형에 의한 직접추리

명제변형에 의한 직접추리는 주어진 명제의 형식을 바꾸어 동일한 의미를 갖는 새로운 명제를 이끌어내는 추리이다. 명제변형에 의한 직접추리에는 환위법, 환질법, 환질환위법 등이 있다.

1. 환위법

환위법(conversion)은 명제의 질은 그대로 둔 채 명제의 주사와 빈사의 위치를 바꾸어 새로운 명제를 이끌어내는 직접추리이다. 전제의 주사는 결론의 빈사가 되고 전제의 빈사는 결론의 주사가 되도록 추리한다. 그런데 환위에는 명제의 양을 변화시키지 않는 단순환위와 명제의 양을 변화시키는 제한환위가 있다.

A명제인 "모든 고양이는 동물이다"를 환위하면 "모든 동물은 고양이다"가 된다. 이 추리의 전제는 참이지만 결론은 거짓으로 부당하다. 모든 동물이 고양이는 아니기 때문이다. 전제에서 부주연된 동물을 결론에서 주연시켰기 때문이다. 전제에서는 일부분을 언급하였는데 결론에서 전체를 언급했으므로 부당하다. 즉 부당주연의 오류를 범했다. 여기서 우리는 추리의 일반적인 규칙 한 가지를 얻어낼 수 있다. 전제에서 부주연된 개념을 결론에서 주연시킬 수 없다. 따라서 전제에서 부주연

된 동물을 결론에서도 부주연시키려면 “모든 동물은 고양이다”를 “약간의 동물은 고양이다“로 고쳐야 한다. A명제는 환위하면서 명제의 양을 변화시켜야 타당한 결론이 얻어진다.

E명제와 I명제는 단순환위가 가능하다.

E명제 환위: 어느 S도 P가 아니다. ⇒ 어느 P도 S가 아니다.
예: 어느 인간도 로봇이 아니다. ⇒ 어느 로봇도 인간이 아니다.

I명제 환위: 약간의 S는 P이다 ⇒ 약간의 P는 S이다.
예: 약간의 사람은 시인이다. ⇒ 약간의 시인은 사람이다.

그러나 O명제는 환위가 불가능하다. 가령 "약간의 사람은 과학자가 아니다"를 환위하면 "약간의 과학자는 사람이 아니다"가 된다. 이 추리는 부당하다. 전제에서 부주연된 "사람"은 결론에서 주연되어서 부당주연의 오류이다. 그러나 A명제와 달리 명제의 질은 변경시키지 않아야 하므로 명제의 양을 제한할 수도 없다. O명제는 환위가 불가능하다.

앞에서 살펴본 것 처럼 A명제는 제한환위해야 되고 E명제와 I명제는 단순환위하고 O명제는 환위가 불가능하다. 이것을 도표로 나타내면 다음과 같다.

명제	환위내용	환위종류
A명제	모든 S는 P이다. ⇒ 약간의 P는 S이다.	제한환위
E명제	어느 S도 P가 아니다 ⇒어느 P도 S가 아니다	단순환위
I명세	약간의 S는 P이다. ⇒약간의 P는 S이다.	단순환위
O명제	약간의 S는 P가 아니다. ⇒불가능	환위불가

2. 환질법

환질법(obversion)은 명제의 양은 그대로 둔 채 명제의 질을 바꿈으로서 새로운 명제를 이끌어내는 직접추리이다. 환질법은 이중부정의 원리에 기초하고 있다. P = ˜ (˜ P). 즉, "P이다"는 "非P가 아니다"와 같다. 한 개념의 부정의 부정은 자기자신이다. 명제의 질을 바꾸는 것이므로 긍정명제는 부정명제가 되고 부정명제는 긍정명제가 된다.

A명제: 모든 S는 P이다. ⇒ 어느 S도 非P가 아니다.
예: 모든 고양이는 동물이다.⇒ 어느 고양이도 非동물이 아니다.

E명제: 어느 S도 P가 아니다 ⇒ 모든 S는 非P이다.
예: 어느 인간도 로봇이 아니다. ⇒ 모든 인간은 非로봇이다.

I명제: 약간의 S는 P이다. ⇒ 약간의 S는 非P가 아니다.
예: 약간의 사람은 군인이다.⇒ 약간의 사람은 非군인이 아니다.

O명제: 약간의 S는 P가 아니다. ⇒ 약간의 S는 非P이다.
예: 약간의 운동선수는 남자가 아니다. ⇒ 약간의 운동선수는 非 남자이다.

3. 환질환위법

환질과 환위를 여러번 적용하여 새로운 명제를 이끌어내는 방법을 환질환위법이라고 한다. 환질환위법에는 일부환질환위법과 전환질환위법이 있다. 일부환질환위법은 주어진 명제를 한번 환질한 후 그것을 다시 환위하여 새로운 명제를 이끌어내는 직접추리이다. 전환질환위법은 주어진 명제를 환질하고 다시 환위한 후 다시 한번 환질하여 새로운 명제를 이끌어내는 직접추리이다. 전환질환위법은 이환법(contraposition)이라고도 한다.

일부환질환위법: 주어진 명제 ⇒ 환질 ⇒ 환위
전환질환위법 : 주어진 명제 ⇒ 환질 ⇒ 환위 ⇒ 환질

1)일부환질환위법

A명제 : 모든 S는 P이다.
환질 : 어느 S도 非P가 아니다.
환위 : 어느 非P도 S가 아니다.

주어진 명제 : 모든 뻐꾸기는 동물이다.
환질 : 어느 뻐꾸기도 非동물이 아니다.
환위 : 어느 非동물도 뻐꾸기가 아니다.

E명제 : 어느 S도 P가 아니다
환질 : 모든 S는 非P이다.
환위 : 약간의 非P는 S이다.

주어진 명제 : 어느 인간도 로봇이 아니다.
환질 : 모든 인간은 非로봇이다.
환위 : 약간의 非로봇은 인간이다.

I명제 : 약간의 S는 P이다.
환질 : 약간의 S는 非P가 아니다.
환위 : O명제 환위불가

O명제 : 약간의 S는 P가 아니다.

환질 : 약간의 S는 非P이다.
환위: 약간의 非P는 S이다.

주어진 명제 : 약간의 운동선수는 남자가 아니다.
환질 : 약간의 운동선수는 非남자이다.
환위 : 약간의 非남자는 운동선수이다.

이상에서 살펴본 것 처럼 A명제, E명제, O명제에는 일부환질환위법이 적용되지만 I명제에는 일부환질환위법이 적용되지 않는다.

2)전환질환위법(이환법)

A명제 : 모든 S는 P이다.
환질 : 어느 S도 非P가 아니다.
환위 : 어느 非P도 S가 아니다.
환질 : 모든 非P는 非S이다.

주어진 명제 : 모든 빼꾸기는 동물이다.
환질 : 어느 빼꾸기도 非동물이 아니다.
환위 : 어느 非동물도 빼꾸기가 아니다.
환질 : 모든 非동물은 非빼꾸기이다.

E명제 : 어느 S도 P가 아니다
환질 : 모든 S는 非P이다.
환위 : 약간의 非P는 S이다.
환질 : 약간의 非P는 非S가 아니다.

주어진 명제 : 어느 인간도 로봇이 아니다.
환질 : 모든 인간은 非로봇이다.
환위 : 약간의 非로봇은 인간이다.

환질 : 약간의 非로봇은 非인간이 아니다.

I명제 : 약간의 S는 P이다.
환질 : 약간의 S는 非P가 아니다.
환위 : O명제 환위불가

O명제 : 약간의 S는 P가 아니다.
환질 : 약간의 S는 非P이다.
환위 : 약간의 非P는 S이다.
환질 : 약간의 非P는 非S가 아니다.

주어진 명제 : 약간의 운동선수는 남자가 아니다.
환질 : 약간의 운동선수는 非남자이다.
환위 : 약간의 非남자는 운동선수이다.
환질 : 약간의 非남자는 非운동선수가 아니다.

전환질환위법(이환법)의 결과를 살펴 보면 다음과 같다. 이환법은 주어진 명제의 주사 대신 빈사의 모순개념을 넣고 주어진 명제의 빈사 대신 주사의 모순개념을 넣어 이끌어낸다.

명제	이환내용	이환종류
A명제	모든 S는 P이다. ⇒ 모든 非P는 非S이다.	타당
E명제	어느 S도 P가 아니다 ⇒약간의 非P는 非S가 아니다.	제한이환
I명제	약간의 S는 P이다. ⇒불가능	불가능
O명제	약간의 S는 P가 아니다. ⇒약간의 非P는 非S가 아니다.	타당

연습문제

1. "어느 자유주의자도 전체주의자가 아니다"가 참일 경우 다음 명제의 진리값을 대당관계에 의해 구하시오.

   ① 모든 자유주의자는 전체주의자이다.
   ② 약간의 자유주의자는 전체주의자가 아니다.
   ③ 약간의 자유주의자는 전체주의자이다.

2. "어느 기독교인도 불교인이 아니다"가 참일 경우 다음 명제의 진리값을 직접추리에 의해 구하시오.

   ① 어느 불교인도 기독교인이 아니다.
   ② 모든 기독교인은 非불교인이다.
   ③ 모든 불교인은 非기독교인이다.
   ④ 약간의 기독교인은 非불교인이 아니다.

3. "모든 사회주의자는 평화주의자다"가 참일 경우 다음 명제의 진리값을 직접추리에 의해 구하시오.

   ① 약간의 평화주의자는 사회주의자이다.
   ② 약간의 사회주의자는 평화주의자가 아니다.
   ③ 어느 사회주의자도 평화주의자가 아니다.
   ④ 어느 사회주의자도 非평화주의자가 아니다.

4. "어느 피자식물도 나자식물이 아니다"가 참일 경우 다음 명제의 진리값을 직접추리에 의해 구하시오.

① 모든 피자식물은 非나자식물이다.
② 어느 피자식물도 非나자식물이 아니다.
③ 약간의 非나자식물은 非피자식물이 아니다.
④ 약간의 피자식물은 나자식물이다.

5. "모든 낙엽송은 송백류이다"가 참일 경우 다음 명제의 진리값을 직접추리에 의해 구하시오.

① 어느 낙엽송도 송백류가 아니다.
② 어느 낙엽송도 非송백류가 아니다.
③ 약간의 송백류는 非낙엽송이 아니다.
④ 모든 非송백류는 非낙엽송이다.

6. "약간의 철학자는 과학자이다"가 참일 경우 다음 명제의 진리값을 직접추리에 의해 구하시오.

① 약간의 철학자는 非과학자가 아니다.
② 어느 철학자도 과학자가 아니다.
③ 모든 철학자는 과학자이다.
④ 어느 철학자도 非과학자가 아니다.
⑤ 어느 과학자도 철학자가 아니다.

7. “약간의 철학자는 실존주의자가 아니다”가 참일 경우 다음 명제의 진리값을 직접추리에 의해 구하시오.

① 약간의 철학자는 非실존주의자이다.
② 어느 철학자도 非실존주의자가 아니다.
③ 약간의 非실존주의자는 철학자이다.
④ 어느 非실존주의자도 철학자가 아니다.

7장 간접추리 1 - 정언삼단논법

간접추리는 두 개 이상의 전제에서 결론을 이끌어 내는 추리를 말한다. 연역추리에서 간접추리는 삼단논법(syllogism)을 말한다. 삼단논법에는 정언삼단논법, 가언삼단논법, 선언삼단논법, 그리고 양도논법 등이 있다. 이 중에서 가장 중심이 되는 것은 정언삼단논법이다. 정언삼단논법에 대해 살펴보자.

1. 정언삼단논법의 식과 격

정언삼단논법은 세 개의 명제 모두가 정언명제로 이루어져 있다. 다음과 같은 경우가 정언삼단논법의 표준적인 형태이다.

모든 과학자는 지성인이다.
모든 지성인은 정직하다.
그러므로 모든 과학자는 정직하다.

이 정언삼단논법은 세 개의 명제와 세 개의 개념으로 이루어져 있다. 세 개의 명제와 세 개의 개념은 다른 이름으로 불린다. 먼저 결론에서 주사는 소개념(S)이라고 하며 빈사는 대개념(P)이라고 한다. 결론에 나오지 않고 전제에만 두 번 나오는 개념은 매개념(M)이라고 한다. 다음으로 전제 중에 대개념이 있는 전제를 대전제라고 하며 소개념이 있는 전제를 소전제라고 부른다. 표준적인 정언삼단논법은 대전제가 먼저 나오고 소전제가 다음에 나온다. 이것을 표현하면 다음과 같다.

모든 M은 P이다.
모든 S는 M이다.
그러므로 모든 S는 P이다.

1) 식

정언삼단논법의 식은 세 명제가 A명제, E명제, I명제, O명제 중 어떤 명제로 되어있느냐에 따른 구별이다. 앞에서 살펴본 대로 정언명제에는 A명제, E명제, I명제, O명제가 있고 삼단논법은 대전제, 소전제, 결론으로 되어 있다. 그러면 대전제에 네 개의 명제가 올 수 있고, 소전제에도 4 개의 명제가 올 수 있으며, 결론에도 4 개의 명제가 올 수 있다. 정언삼단논법의 식은 전체가 4×4×4 = 64 종류가 가능하다.

2) 격

정언삼단논법의 격은 3개의 개념중 매개념의 위치에 따른 구별이다. 매개념의 위치에 따라 다음과 같이 1 격, 2 격, 3 격, 4 격이 있다.

1 격	2 격	3 격	4 격
M – P S – M ——— S – P	P – M S – M ——— S – P	M – P M – S ——— S – P	P – M M – S ——— S – P

앞에서 정언삼단논법에 64 종류가 있다고 했다. 그리고 4 종류의 격이 있으므로 64 종류마다 4 개의 격이 각각 있는 것이다. 따라서 격과 식을 결합하면 정언삼단논법의 가능한 종류는 64 × 4 = 256 종류가 된다. 가령 2격의 AOE 식과 4격의 EOO 식을 만들어 보자.

어느 P도 M이 아니다.	
약간의 M은 S가 아니다.	4격의 EOO 식
그러므로 약간의 S는 P가 아니다.	

모든 P는 M이다.	
약간의 S는 M이 아니다.	2격의 AOE 식
그러므로 어느 S도 P가 아니다.	

그러나 256 종류 모두가 타당한 것은 아니다. 타당성은 가치개념이고 가치는 일정한 규범을 요구한다. 따라서 일정한 규칙을 지키는 경우에만 타당한 논증형식이 된다. 그러면 타당한 정언삼단논법이 되기 위해서는 어떤 규칙을 지켜야 하는가에 대해 살펴보자.

2. 정언삼단논법의 규칙

1) 정언삼단논법은 세 개의 개념으로 이루어져야 한다.

각 개념은 같은 의미로 사용되어야 한다. 이 규칙을 어기면 네 개 개념 사용의 오류이다. 가령 다음과 같은 예를 들어 보자.

모든 생물은 죽는다.
모든 개는 동물이다.
그러므로 모든 개는 죽는다.

이 정언삼단논법에는 4개의 개념이 나온다. 생물, 죽는다, 개, 동물. 그래서 개념간의 연결관계를 제대로 알 수가 없다. 그러나 외관상 참인 명제로 이루어져서 타당한 논증으로 보인다.

정언삼단논법이 3개의 개념으로 이루어지더라도 매개념이 애매하게 사용되면 4개의 개념이 되는 셈이다. 가령 다음의 경우가 그렇다.

개는 흔히 볼 수 있는 동물이다.
진돗개는 개다.
그러므로 진돗개는 흔히 볼 수 있는 동물이다.

대전제의 개는 개 일반을 가리키는 반면에 소전제의 개는 개의 한 품종이라는 의미이다. 그러므로 이 삼단논법에는 사실상 4개의 개념이 등장하는 셈이다.

2) 매개념은 두 전제 중에 한 번은 주연되어야 한다.

이 규칙을 어기면 매개념 부주연의 오류이다. 매개념의 역할은 소개념과 대개념을 연결시키는 것이다. 그러나 매개념이 두 번 모두 부주연되면 그 연결을 제대로 수행할 수 없다. 즉 매개념이 두 번 모두 부주연되면 소개념과 대개념이 연결되지 않는다. 예를 들어 보자.

모든 남자는 사람이다.
모든 여자는 사람이다.
그러므로 모든 여자는 남자이다.

위 도형에서 보는 것 처럼 사람이 두 번 모두 부주연되었다. 모든 남자는 사람이고, 모든 여자는 사람이지만 매개념에 의해 연결되지 않는다. 어느 여자도 남자가 아니라는 부정명제가 타당한 결론이다. 위 논증은 2격의 AAA식이다.

모든 P는 M이다.
모든 S는 M이다.
그러므로 모든 S는 P이다.

그런데 위 형식을 다음과 같이 바꾸어 보자.

모든 동물은 죽는다.
모든 개는 죽는다.
그러므로 모든 개는 동물이다.

위 논증도 2격의 AAA식이지만 긍정명제가 타당한 결론이다. 동일한 형식이 그 내용에 따라 다른 결론이 나온다. 다시 말하면 2격의 AAA식은 타당한 형식이 아니다. 따라서 2격의 AAA식만이 아니라 매개념이 부주연되는 다른 형식(예를 들어)들도 타당하지 않은 형식으로 256 종류에서 제외된다.

그러나 매개념이 적어도 한 번 주연되면 소개념과 대개념이 연결되어진다. 위의 예를 조금 바꿔서 매개념을 한 번 주연시키면 타당한 논증이 된다.

모든 동물은 죽는다.
어느 인형도 죽지 않는다.
그러므로 어느 인형도 동물이 아니다.

3) 전제에서 부주연된 개념은 결론에서 주연될 수 없다.

전제에서 일부분을 언급한 것을 기초로 결론에서 전체를 언급해서는 안된다. 이 규칙을 어기면 소개념(대개념) 부당주연의 오류이다. 물론 전제에서 주연된 개념이 결론에서 부주연되는 경우는 문제가 없다.

약간의 앵무새는 공해가 아니다.
모든 앵무새는 애완동물이다.
그러므로 어느 애완동물도 공해가 아니다.

위 논증에서 소개념인 애완동물은 전제에서 부주연되었는데 결론에서 주연되었다. 소개념 부당주연의 오류이다.

4) 두 전제가 모두 부정명제이면 결론을 도출할 수 없다.

두 전제가 모두 부정명제일 경우 소개념과 대개념이 긍정관계에 있는가 부정관계에 있는가를 알 수 없다. 이 규칙을 어기면 양부정전제의 오류이다. 가령 2격의 EEE식을 살펴 보자.

어느 두꺼비도 포유동물이 아니다.
어느 독수리도 포유동물이 아니다.
그러므로 어느 독수리도 두꺼비가 아니다.

어느 동물도 식물이 아니다.
어느 호랑이도 식물이 아니다.
그러므로 어느 호랑이도 동물이 아니다.

위 두 예는 동일한 형식이지만 앞의 예는 타당한 결론이고 뒤의 예는 부당한 결론이다. 즉 앞의 예는 부정의 결론이 타당하고 뒤의 예는 긍정의 결론이 타당하다. 따라서 2격의 EEE식은 부당한 형식이다.

5) 두 전제 중 하나가 부정명제이면 결론도 부정명제이어야 한다.

이 규칙을 어기면 부당긍정의 오류이다. 다음 같은 경우는 부당긍정의 오류를 범한 논증이다.

어느 흑인도 백인이 아니다.
약간의 미국인은 흑인이다.
그러므로 약간의 미국인은 백인이다.

위 논증은 전제에 부정명제가 있으므로 결론도 부정명제이어야 한다. 따라서 "약간의 미국인은 백인이 아니다"라고 해야 타당한 결론이다.

6)두 전제가 모두 긍정이면 결론도 긍정이어야 한다.

이 규칙을 어기면 부당부정의 오류이다. 다음 삼단논법은 타당하다.

모든 민족주의자는 애국자이다.
모든 애국자는 독립운동가이다.
그러므로 모든 민족주의자는 독립운동이다.

그러나 "어느 민족주의자도 독립운동가가 아니다" 또는 "약간의 민족주의자는 독립운동가가 아니다"라는 결론을 이끌어 내면 부당부정의 오류를 범한 삼단논법이 된다.

이상에서 정언삼단논법의 규칙 여섯 가지에 대해 살펴보았다. 256종류의 정언삼단논법 가운데 여섯 가지 규칙을 지키는 형식은 24 종류뿐이다. 24 종류의 타당한 형식은 다음과 같다.

격	타당한 형식들
1격	AAA, AAI, EAE, EAO, AII. EIO
2격	EAE, EAO, AEE, AEO, EIO, AOO
3격	AAI, AII, IAI, EAO, OAO, EIO
4격	AAI, AEE, AEO, IAI, EAO, EIO

3. 정언삼단논법과 벤다이어그램

정언삼단논법의 타당성 여부를 검토할 경우 이상에서 살펴본 규칙 이외에 벤다이어그램으로 검토할 수 있다. 벤다이어그램은 직관적 명확성 때문에 정언삼단논법을 검토하는데 편리하다.

이미 4장 2절 정언명제의 벤다이어그램에서 4 가지 정언명제를 벤다이어그램으로 그리는 방법을 설명하였다. 그러나 정언삼단논법은 3개의 개념으로 되어 있어서 원을 3개 그려야 한다. 벤다이어그램을 그리는 방식은 다음과 같다. 첫째, 삼단논법을 형식화한다. 구체적인 일상언어로 구성되어 있는 삼단논법은 소개념 S. 대개념 P, 매개념 M으로 형식화하여 256 종류 중의 한 가지로 바꾼다. 그리고 세 개의 원을 겹쳐서 그린다. 둘째, 세 개의 원 위에 두 개의 전제를 나타낸다. 대전제는 P와 M의 관계로 나타내고, 소전제는 S와 M의 관계로 나타낸다. 셋째, 두 전제를 나타낸 벤다이어그램의 공통부분이 결론의 명제를 나타내는가를 검토한다. 벤다이어그램의 공동부분이 결론의 명제를 나타내면 그 논증은 타당한 것이고 그렇지 않으면 부당하다. 예를 들어 보자.

예1)

모든 어류는 알을 낳는다. 모든 P는 M이다.
모든 고래는 알을 낳지 않는다. ⇒ 어느 S도 M가 아니다.
∴ 어느 고래도 어류가 아니다. ∴ 어느 S도 P가 아니다.

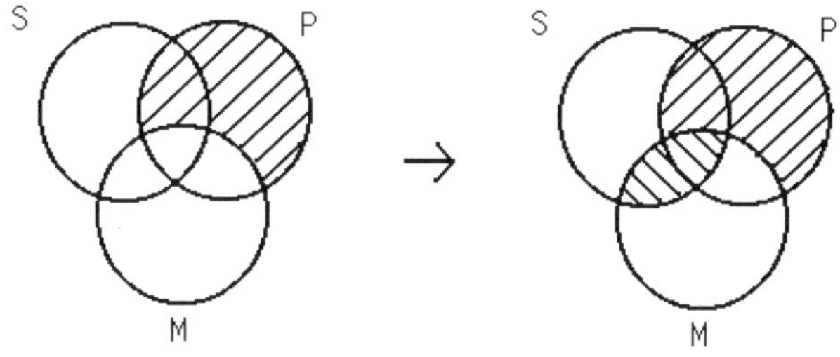

위의 오른쪽 다이어그램에서 S와 P의 흰색 부분이 남아 있는 부분이므로 검토해 보자. S의 흰색 부분 모두 P가 아니고 P의 흰색 부분 모두 S가 아니므로 E명제를 나타내고 있다. 결론이 E명제이므로 예 1)의 논증은 타당하다는 것을 알 수 있다.

예 2)

모든 논리학자는 수학자이다. 모든 P는 M이다.
약간의 철학자는 수학자가 아니다. ⇒ 약간의 S는 M이 아니다.
∴약간의 철학자는 논리학자가 아니다. ∴약간의 S는 P가 아니다.

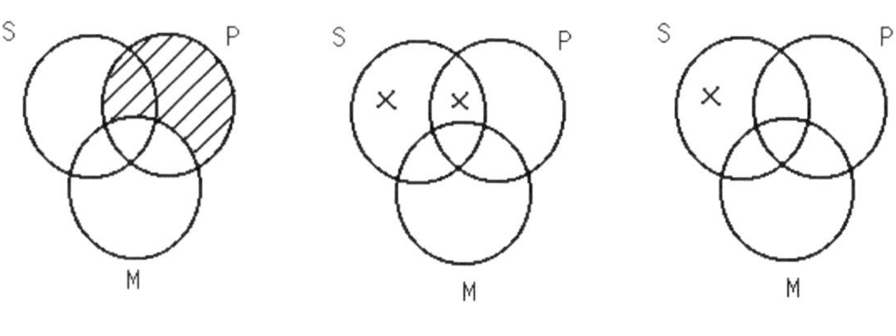

위의 다이어그램들 중 세 번째 다이어그램이 공통부분이다. 세 번째

다이어그램에서 × 부분에 주목해 보자. ×부분은 S의 일부분으로서 P가 아니므로 O명제를 나타내고 있다.

예3)

모든 개는 동물이다. 모든 M은 P이다.
어느 고양이도 개가 아니다. ⇒ 어느 S도 M이 아니다.
∴어느 고양이도 동물이 아니다. ∴ S도 P가 아니다.

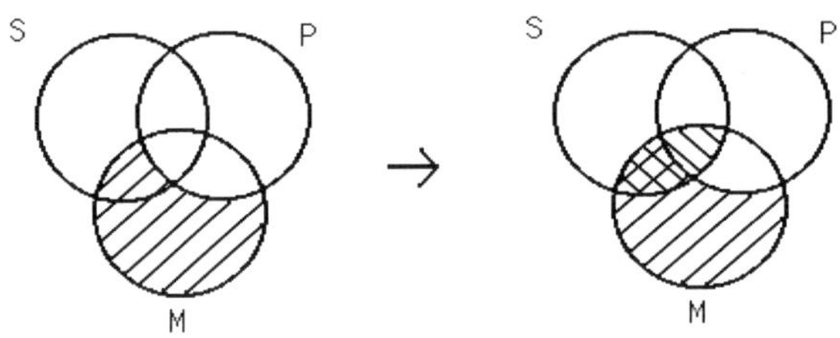

위의 오른쪽 다이어그램에서 S와 P의 남은 부분은 A명제, E명제, I명제, O명제 중 어떤 명제도 나타내고 있지 않다. 따라서 예 3)의 논증은 부당하다. 정언삼단논법의 규칙으로 살펴보아도 예 3)의 논증은 부당하다. 대개념 부당주연의 오류를 범하고 있다.

연습문제

1. 모든 교과서는 주의깊게 공부해야 할 책이다.
   약간의 참고서는 주의깊게 공부해야 할 책이다.
   ∴ 약간의 참고서는 교과서이다.

2. 모든 범죄는 사악한 행위이다.
   살인자의 처형은 모두 범죄이다.
   ∴ 살인자의 처형은 모두 사악한 행위이다.

3. 어느 비극배우도 행복한 사람이 아니다.
   약간의 희극배우는 행복한 사람이 아니다.
   ∴ 약간의 희극배우는 비극배우이다.

4. 약간의 앵무새는 공해가 아니다.
   모든 앵무새는 애완동물이다.
   ∴ 어느 애완동물도 공해가 아니다.

5. 여자를 이해하는 남자는 모두 완벽한 남편이 될 잠재력을 갖고 있다.
완벽한 남편이 될 잠재력을 가진 모든 사람은 무한한 인내심을 가지고 있다.
∴ 무한한 인내심을 가진 약간의 사람은 여자를 이해하는 남자이다.

6. 약간의 좋은 배우는 강한 사람이 아니다.
모든 프로 레슬러는 강한 사람이다.
∴ 모든 프로레슬러는 좋은 배우이다.

7. 약간의 다이아몬드는 보석이다.
약간의 수소화합물은 다이아몬드가 아니다.
∴ 약간의 수소화합물은 보석이 아니다.

8. 약간의 다이아몬드는 보석이 아니다.
약간의 수소 화합물은 다이아몬드이다.
∴약간의 수소화합물은 보석이 아니다.

9. 약간의 스패니얼은 좋은 사냥개가 아니다.
모든 스패니얼은 얌전한 개이다.
∴어느 얌전한 개도 좋은 사냥개가 아니다.

10. 가장 배고픈 모든 사람은 가장 많이 먹는 사람이다.
가장 적게 먹는 모든 사람은 가장 배고픈 사람이다.
∴가장 적게 먹는 모든 사람은 가장 많이 먹는 사람이다.

11. 모든 쵸코렛 과자는 살찌는 음식이다. 왜냐하면 모든 쵸코렛 과자는 좋은 디저트인데 약간의 살찌는 음식은 좋은 디저트가 아니므로.

12. 모든 발명가는 익숙한 것에서 새로운 형태를 볼 줄 아는 사람이다. 따라서 모든 발명가는 기인이다. 왜냐하면 모든 기인은 익숙한 것에서 새로운 것을 볼 줄 아는 사람이니까.

13. 런던에 사는 모든 사람은 차를 마시는 사람이고, 차를 마시는 모든 사람은 차를 좋아하는 사람이다. 그렇다면 우리는 런던에 사

는 모든 사람은 차를 좋아하는 사람이라고 결론내릴 수 있다.

14. 근본적인 경제정치적 변혁을 지지하는 사람들은 모두 의회보수주의 지도자의 공공연한 비판자들이다. 그리고 모든 공산주의자는 근본적인 경제적, 정치적 변혁의 지지자들이다. 결국 의회 보수주의 지도자의 공공연한 비판자들은 모두 공산주의자이다.

8장 간접추리 2 - 약식삼단논법, 연쇄식

우리는 이제까지 A, E, I, O명제를 중심으로 정언삼단논법을 검토하였다. 그러나 A, E, I, O명제가 모든 일상언어를 포괄하는 유일한 형식은 아니다. A, E, I, O명제는 일종의 표준형식이라고 할 수 있다. 우리가 일상생활에서 사용하는 말과 글은 그런 표준형식으로만 되어있는 것은 아니다. 실제로 3개 이상의 개념을 가진 논증도 있고 여러 개의 전제를 가진 논증도 있다. 그렇다면 일상생활의 비표준형식의 명제들을 표준형식으로 바꾸어야 표준형식을 토대로 이루어진 정언삼단논법이 쓸모있을 것이다.

그리고 일상적인 대화나 토론에서는 삼단 논법의 전제나 결론의 일부가 생략되는 경우가 많다. 물론 이것은 물론 무턱대고 생략되는 것이 아니고 그것이 생략되더라도 추론의 의미 전달에 지장이 없을 경우에 한정된다. 더 나아가 생략된 삼단논법을 연결하여 결론을 이끌어내는 경우도 많다. 이하에서는 일상언어를 표준형식으로 바꾸는 일과 약식삼단논법과 연쇄식에 대해 살펴본다.

1. 일상언어의 형식화

애매하고 모호하고 불분명한 일상언어를 모두 명확하게 형식화 할 수는 없다. 그러나 다음과 같은 몇 가지 사항을 고려하여 애매모호함을 제거하려는 노력은 중요하고 필요하다.

첫째, 세 개 이상의 개념을 가진 경우이다. 다음 논증은 4 개의 개념이 나오지만 비슷한 두 개념을 동의어로 바꾸어 사용할 수 있다.

> 모든 젊은 사람들은 정열이 있다.
> 모든 진보주의자들은 젊은 사람들이다.
> 그러므로 약간의 자유 개혁가들은 정열이 있다.

위 논증에는 네 개의 명사가 있는데 "자유 개혁가"를 "진보주주의자"라는 동의어로 바꿈으로서 개념을 세 개로 만들 수 있다.

둘째, 단칭명제의 경우이다. 주어가 어떤 한 개체를 지시하는 고유명사이거나 확정적 서술구일 경우에는 지시하는 대상의 전체가 곧 그 개체이므로 전체긍정이나 전체부정 명제로 고쳐주어야 한다. 이것은 어떤 집합을 말하는 것이 아니라 어떤 집합에 속하는 특정 개인이나 대상을 말한다. 이 경우 개인이나 특정 대상을 하나의 집합으로 보고 그 구성원이 하나밖에 없는 단위집합으로 간주한다. 일반적으로 단칭명제는 전칭명제로 간주된다. "소크라테스는 철학자이다", "고래는 포유동물이다" 등이 그런 예이다. 다음 논증은 1격의 AAA식이다. 즉 "소크라테스는 사람이다"는 전칭명제로 간주한다.

> 모든 사람들은 죽는다.
> 소크라테스는 사람이다.
> 그러므로 소크라테스는 죽는다.

셋째, 명제는 개념과 개념을 연결하는 형식을 취한다. 그래서 두 개의 개념을 연결하는데 "이다"라는 계사를 사용한다. 그러나 일상적 표현은 "놀다", "먹는다"와 같은 동사로 되어 있는 경우가 많다. 그런 표현을 "이다"를 사용하는 표준형으로 바꾸어야 하는데 그러기 위해서는 동사를 명사형으로 바꾸어야 한다. 가령 "그는 빨리 뛴다"는 "그는 빨리 뛰는 자이다"라고 바꾸어야 하고 "그는 요리를 잘한다"는 "그는 좋은 요리사이다"와 같은 형으로 바꾸어야 한다.

넷째, 표준형식은 "모든", "약간"이라는 한량사(限量詞)를 사용하는데 일상어에서는 반드시 그렇지는 않다. "아이들마다 텔레토비 인형을 좋아한다"라고 할 경우 "아이들마다"는 "모든 아이들"을 의미한다. "이번 여름은 피서지마다 초만원을 이루었다"는 "이번 여름의 모든 피서지는 초만원을 이루었던 곳이다"라는 형식의 명제가 된다.

다섯째, 일상어에서 흔히 나오는 "대부분", "상당히 많은", "거의 모든" 등은 전칭에 가깝지만 전칭이 아니므로 특칭으로 간주해야 한다. 명제의 양을 전체와 부분으로만 나누기 때문에 전체에 관한 것이 아닌 것은 모두 부분에 관한 것으로 표현해야 한다. "대부분의 젊은이들은 현실부정적이다"에서 대부분은 전체가 아니라는 뜻이므로 이런 경우는 모두 "약간"으로 이해해야 한다. 전체 중에서 단 한 사람에 대한 긍정도 부분긍정으로 간주해야 하며, 한 사람을 제외한 다른 모든 사람에 대한 긍정도 부분긍정으로 간주해야 한다. "약간"은 "적어도 하나 이상"을 의미하므로 "하나"도 "약간"에 포함시켜야 한다.

여섯째, 우리말은 양에 대한 표현을 흔히 생략하거나 복수를 단수로 표현하는 경우가 많다. 예를 들어 선생님이 학생 앞에서 모든 학생을 지칭하며 말 할 때에도 "학생들은 기본에 충실해야 한다"고 말한다. 또 분필들이 필요할 경우에도 "분필좀 가져오라"고 단수로 표현한다. 정확하게 표현하려면 "모든", "약간"이라는 한량사를 사용하여야 한다.

일곱째, 동일한 말이라도 맥락에 따라 여러 가지 의미를 가질 수 있다. 우리말의 "만"이라는 말이 그런 경우이다. 가령 "마음이 깨끗한 사람만 하나님을 볼 수 있다"라는 명제는 우선 "하나님을 볼 수 있는 모든 사람은 마음이 깨끗한 사람이다"라는 명제와 "마음이 깨끗한 모든 사람은 하나님을 볼 수 있는 사람이다"라는 명제가 될 수 있다. 마음이 깨끗하다는 사실은 하나님을 볼 수 있게 하는 필요충분조건이라고 할 수 있다. 따라서 위 명제는 다음과 같이 해석할 수 있다. "마음이 깨끗한 모든 사람 그리고 그런 사람만이 하나님을 볼 수 있다." 여기서 "-만"은 영어의 if and only if의 의미이다.

그러나 다음 경우는 다르다. "낚시에 미친 사람은 낚시만 좋아한다"라는 말은 낚시에 미친 사람이 좋아하는 것에 관한 긍정이므로 "낚시에 미친 사람이 좋아하는 모든 것은 낚시이다"라는 의미이다. 다음 경우도 다르다. "소수의 사람만이 세금혜택을 받았다"는 명제에서 "만"은 "소수"를 강조하는 의미이므로 세금혜택을 받은 사람들은 전체 중에서 소수에 지나지 않고 나머지 대부분은 세금혜택을 받지 못한 사람들이라는 것을 의미한다.

2. 약식삼단논법

약식삼단논법(enthymeme)은 그 구성 명제인 대전제, 소전제, 또는 결론 명제 가운데 일부가 생략되는 논증이다. 곧 약식삼단논법에서도 각 구성 명제가 본래 갖추어져 있으나 표면에 드러나지 않을 뿐이다. 왜냐하면 그런 생략에도 불구하고 논리적인 의미 전달에는 별 지장이 없기 때문이다.

실제 말과 글에서는 대전제, 소전제, 결론이 모두 갖추어진 경우는 오히려 드물다. 특히 일상 대화나 연설에서는 그 가운데 일부가 생략되는 것이 보통이다. 그렇게 함으로써 표현이 간결하고 강조나 여운을 남기는 효과가 드러나는 수도 있기 때문이다. 약식삼단논법은 다음의 세 경우로 나누어 볼 수가 있다.

첫째, 대전제가 생략된 경우 – 제 1 급 약식삼단논법
둘째, 소전제가 생략된 경우 – 제 2 급 약식삼단논법
셋째, 결론이 생략된 경우 – 제 3 급 약식삼단논법

1) 대전제가 생략된 경우

(1) (모든 사람은 죽는다.) (대전제)
그도 사람이니까 (소전제)
죽었지요 (결론)

이 경우에 "모든 사람은 죽는다"라는 대전제가 생략되었다. 그것은 누구나 이미 알고 있는 명제이기 때문이다. 다음의 보기들도 대전제가 생략되어 있다. 예를 하나 더 들어 보자.

(2) (모든 젊은이는 정열이 있다.) (대전제)
나도 젊은이다. (소전제)
그러므로 나도 정열이 있다. (결론)

2) 소전제가 생략된 경우

(3) 국민은 나라를 지킬 의무가 있다. (대전제)
(나도 국민이다) (소전제)
그러므로 나도 나라를 지킬 의무가 있다. (결론)

이 예에서는 소전제 "나도 국민이다"가 생략되어 있다. 그것이 쉽게

이해될 수 있기 때문이다. 다음 예도 소전제가 생략되어 있다.

(4) 사춘기의 여성은 누군가를 좋아한다. (대전제)
(경애는 사춘기의 여성이다.) (소전제)
그러므로 경애는 누군가를 좋아한다. (결론)

3) 결론이 생략된 경우

(5) 사람은 모두 예의를 지켜야 한다. (대전제)
민수도 사람이다. (소전제)
(그러므로 민수도 예의를 지켜야 한다) (결론)

위 예는 "그러므로 민수도 예의를 지켜야 한다"라는 결론이 생략되었다. 이 생략된 결론은 암시되고 있다. 다음 예도 결론이 생략된 경우이다.

(6) 남을 해치는 자은 벌을 받게 마련이다. (대전제)
그 아이들은 남을 크게 해쳤다. (소전제)
(그러므로 그 아이들은 벌을 받게 마련이다.) (결론)

3. 연쇄식

연쇄식(sorties)은 하나의 추리과정이 여러 개의 삼단논법으로 이어지는 논증이다. 하나의 삼단논법에서 얻은 결론을 다음 삼단논법의 전제로 삼아 또 하나의 전제를 제시하면서 새로운 결론을 이끌어 내고, 그 결론을 전제로 삼아 또 하나의 삼단논법을 만들어가는 논증을 말한다.

1) 아리스토텔레스 연쇄식

이것은 아리스토텔레스가 처음으로 확립한 형식으로서 한 전제의 빈사를 다음 전제의 주사로 삼아 순차적으로 나아가 최초의 전제의 주사를 결론의 주사로 삼는 논증이다.

A − B　모든 학생들은 적극적이다.
B − C　모든 적극적인 사람들은 사교적이다.
C − D　모든 사교적인 사람들은 원만하다.
D − E　모든 원만한 사람들은 성공할 수 있다.

―――――

∴ A − E　∴모든 학생들은 성공할 수 있다.

이것을 분석하여 생략된 부분을 보충하면 다음과 같이 3 개의 삼단논법이 연결되어 있음을 알 수 있다.

B − C
A − B
―――――
∴A − C …… 생략

C − D
A − C …… 생략
―――――
∴A − D …… 생략

D − E
A − D …… 생략
―――――
∴A − E

아리스토텔레스 연쇄식은 다음 두 개의 규칙을 지켜야 타당한 논증이 될 수 있다.

첫째, 최초의 전제만 특칭명제일 수 있다. 만일 최초의 전제 이외의 어느 전제가 특칭명제이면 연쇄식 중의 어떤 삼단논법에 있어서 매개념이 한편에서는 특칭판단의 주개념이 되고 다른 한편에서는 긍정판단의 빈사가 되어 매개념 부주연의 오류를 범하게 된다. 따라서 최초의 전제 이외의 전제가 특칭명제이어서는 안된다.

둘째, 최후의 전제만 부정명제일 수 있다. 만일 최후의 전제 이외의 어느 전제가 부정명제이면 연쇄식 중 어떤 삼단논법에서 대개념 부당주연의 오류를 범하게 된다. 따라서 최후의 전제 이외의 전제가 부정명제이어서는 안된다.

2) 고클레니우스(Goclenius) 연쇄식

이것은 고클레티우스가 1598년 처음으로 확립한 형식으로서 한 전제의 주사를 다음 전제의 빈사로 삼아 점차적으로 나아가 최후의 전제의 주사를 결론의 주사로 삼는 논증이다.

D－E　모든 원만한 사람들은 성공할 수 있다.
C－D　모든 사교적인 사람들은 원만하다.
B－C　모든 적극적인 사람들은 사교적이다.
A－B　모든 학생들은 적극적이다.

∴ A－E　∴모든 학생들은 성공할 수 있다.

D－E
C－D

∴ C－E …… 생략

C－E …… 생략
B－C

∴ B − E …… 생략

B − E …… 생략
A − B

∴ A − E

고클레니우스 연쇄식은 다음 두 개의 규칙을 지켜야 타당한 논증이 될 수 있다.

첫째, 최초의 전제만 부정명제일 수 있다. 만일 최초 이외의 전제, 가령 두 번째 전제를 부정명제라고 하면 첫 번째 전제와 두 번째 전제의 결론은 부정명제가 된다. 그럴 경우 전제에서 부주연된 대개념은 결론에서 주연되어 대개념 부당주연의 오류를 범한다. 따라서 최초의 전제만 부정명제일 수 있다.

둘째, 최후의 전제만 특칭명제일 수 있다. 만일 최초의 전제를 특칭명제라고 하면 두 번째 전제와 결합하여 매개념 부주연의 오류가 된다. 따라서 두 번째 전제를 부정명제로 바꿀 수밖에 없다. 그러면 첫 번째 전제와 두 번째 전제의 결론은 부정명제가 된다. 그럴 경우 전제에서 부주연된 대개념이 결론에서 주연되어 대개념 부당주연의 오류가 된다. 따라서 최후의 전제만 특칭명제일 수 있다.

많은 논증들은 표준적인 형식을 갖추고 있지 않다. 이런 경우 표준적인 형식으로 번역하여 타당성을 진단할 수 있다. 다음 논증을 살펴 보자.

예)

악덕 상인들은 그들의 상품을 팔기 위해 무엇이든 한다. 그러므로 악덕 상인들은 종종 거짓말을 하는데 그 이유는 진실을 말하는 것이 종종 상품을 팔기 위한 최선의 방법이 아니기 때문이다.

번역)

모든 악덕 상인들은 그들의 상품을 가장 잘 팔기 위해 무엇이든 노력하는 사람들이다. 그들의 상품을 가장 잘 팔기 위해 무엇이든 노력하는 사람들은 종종 거짓말을 하는 사람이다.

그러므로 모든 악덕 상인들은 종종 거짓말을 하는 사람들이다.

위 논증은 1격의 AAA으로서 타당하다.

9장 간접추리 3
- 가언, 선언 삼단논법, 양도논법

1. 가언삼단논법

가언삼단논법은 가언명제로 이루어진 삼단논법이다. 가언명제는 "만일 ~ 이라면 …이다"라는 형식의 명제이며 조건언 명제라고도 말한다. 이 때 가언명제의 "만일 ~ 이라면" 부분을 전건이라 하고 이어지는 "…이다" 부분을 후건이라고 한다. 가언삼단논법에는 반가언 삼단논법(半假言 三段論法)과 전가언 삼단논법(全假言 三段論法)이 있다.

1) 반가언삼단논법

반가언 삼단논법은 대전제만이 가언적 명제이고 소전제와 결론은 정언명제로 이루어져 있다. 반가언 삼단논법에는 두 가지 규칙이 있다. 전건긍정식과 후건부정식이다. 반가언삼단논법은 혼합가언삼단논법이라고도 말한다.

첫째, 전건긍적식

비가 오면 강물이 많아진다.	A이면 B이다.
비가 왔다.	A이다.
그러므로 강물이 많아졌다.	∴ B이다.

이와 같이 소전제가 대전제의 전건을 긍정하고 결론이 대전제의 후건을 긍정하는 형식은 타당하다. 이 형식은 구성적 가언삼단논법 또는 긍정논법(Modus Pones)이라고 한다.

둘째, 후건부정식

지하철이 고장나면 창호는 지각한다.	A이면 B이다.
창호는 지각하지 않았다.	B가 아니다.
그러므로 지하철은 고장나지 않았다.	∴ A가 아니다.

이와 같이 소전제가 대전제의 후건을 부정하고 결론이 대전제의 전건을 부정하는 형식은 타당하다. 이 형식은 파괴적 가언삼단논법 또는 부정논법(Modus Tollens)이라고 한다.

전건긍정식을 위반하면 전건부정의 오류이고 후건부정식을 위반하면 후건긍정의 오류이다.

셋째, 전건부정의 오류

경식이는 몸이 아프면 병원에 간다.	A이면 B이다.
경식이는 몸이 아프지 않았다.	A가 아니다.
그러므로 경식이는 병원에 가지 않았다.	∴ B가 아니다.

이 논증은 부당하다. 경식이는 몸이 아프면 병원에 가지만 경식이가 병원에 가는 이유는 몸이 아파서만은 아닐 것이다. 따라서 경식이가 몸이 아프지 않았더라도 병원에 갈 다른 이유가 있을 수 있다. 따라서 위 논증은 전건부정의 오류이다.

넷째, 후건긍정의 오류

비가 오면 땅이 젖는다.	A이면 B이다.
땅이 젖었다.	B이다.
그러므로 비가 왔다.	∴ A이다.

이 논증은 부당하다. 땅이 젖은 이유가 반드시 비가 온 때문이라고 볼 수는 없다. 누가 물을 뿌렸든가 등의 다른 이유가 있을 수 있다. 따라서 위 논증은 후건긍정의 오류이다.

2) 전가언삼단논법

전가언적 삼단 논법은 전제와 결론이 모두 가언적 명제로 이루어져 있다.

교육열이 향상하면 문화가 발달한다
민중이 자각하면 교육열이 향상한다
그러므로 민중이 자각하면 문화가 발달한다

위에서 보듯이 전가언삼단논법은 앞에서 말한 정언삼단논법과 같은 구성이다. 이를 비교하면 다음과 같다.

전가언 삼단 논법	정언 삼단 논법
교육열이 향상하면 문화가 발달한다	매개념-대개념
민중이 자각하면 교육열이 향상한다	소개념-매개념
그러므로 민중이 자각하면 문화가 발달한다	소개념-대개념

전가언 삼단 논법에서 대전제의 전건은 정언 삼단논법의 매개념에 대응하고 그 후건은 대개념에 대응한다. 전가언 삼단논법 소전제의 전건은 정언삼단논법의 소개념에 대응하고, 그 후건은 매개념에 해당한

다. 결론에서는 전건이 소개념, 후건이 대개념에 해당함을 알 수 있다.

2. 선언삼단논법

선언삼단논법은 선언명제를 기초로 한 삼단논법이다. 선언명제는 선언지가 2 개인 경우와 3 개인 경우가 있다. 대부분의 선언 삼단논법은 선언명제를 대전제로 하고 그 선언지 중의 어느 하나를 긍정하거나 부정하는 정언명제를 소전제로 하여 결론을 이끌어낸다. 선언명제의 각 선언지는 서로 배타적인 관계에 있으므로 한쪽을 긍정하면 필연적으로 다른 쪽이 부정되고, 한쪽을 부정하면 필연적으로 다른 쪽이 긍정된다. 따라서 선언삼단논법은 긍정부정식과 부정긍정식의 두 가지가 있다. 가장 중요한 것은 선언명제의 선언지가 서로 배타적이어서 모순관계에 있어야 한다는 것이다. 선언지가 배타적이지 않으면 선언삼단논법이 부당하게 된다.

1) 긍정부정식

A는 B이든가 C이든가이다.
A는 B이다.
그러므로 A는 C가 아니다.

그 진돗개는 수놈이든가 암놈이든가이다.
그 진돗개는 수놈이다.
그러므로 그 진돗개는 암놈이 아니다.

2) 부정긍정식

A는 B이든가 C이든가이다.

A는 B가 아니다.
그러므로 A는 C이다.

그 증인의 증언은 참이든가 거짓이든가이다.
그 증인의 증언은 참이 아니다.
그러므로 그 증인의 증언은 거짓이다.

그러나 다음 예를 살펴보자.

김씨가 도와주든가 이씨가 도와줄 것이다.
김씨가 도와주었다.
그러므로 이씨는 도와주지 않을 것이다.

위 선언삼단논법은 부당하다. 선언지가 배타적이지 않기 때문이다. 두 선언지는 함께 참일 수도 있다. 김씨가 도와주더라도 이씨도 같이 도와줄 수 있다. 따라서 타당한 선언삼단논법에서 두 선언지는 배타적이어야 하며 모순관계에 있어야 한다.

3. 양도논법

양도논법(dilemma)은 선언명제와 가언명제로 구성된 삼단논법이어서 가언·선언삼단논법이라고도 불린다. Dilemma는 di(two)와 lemma(assumption)의 합성어이며 이중의 가정이라는 뜻이다. 양도논법은 대전제가 두 개의 가언명제로 연결되어 있으며, 소전제는 대전제의 두 전건을 선언적으로 긍정하거나 또는 후건을 선언적으로 부정하거나 하여 결론을 이끌어내는 삼단논법이다.

가령 어린이에게 엄마가 좋으냐 아빠가 좋으냐라고 질문하면 그 어린이는 그 질문에 대해 대답하기 곤란해한다. 엄마가 좋다고 하면 아빠가 싫어할 것이고 아빠가 좋다고 하면 엄마가 싫어할 것이라서 어느 경우이든 자신에게 불리하다. 즉 딜레마에 빠지는 것이다. 이것을 표현하면 다음과 같다.

만일 엄마가 좋다면 아빠가 싫어하고 아빠가 좋다면 엄마가 싫어한다.
엄마가 좋거나 아빠가 좋다.
그러므로 아빠가 싫어하거나 엄마가 싫어한다.

양도논법은 소전제가 선언명제이므로 선언지가 있는데 이 선언지를 특히 "뿔"이라고 한다. 양도논법은 선언지가 2개이지만 선언지가 3개이면 삼도논법(trilemma), 선언지가 4개이면 사도논법(tetralemma), 선언지가 5개 이상인 것을 다도논법(polylemma)이라고 한다. 그러나 실제로 많이 사용되는 것은 양도논법이다.

양도논법은 그 결론이 정언명제이냐 선언명제이냐에 따라 단순한 것과 복잡한 것으로 구분되며, 소전제가 긍정적인가 부정적인가에 따라 구성적인 것과 파괴적인 것으로 구분된다. 이것을 종합하면 네 가지 형식이 가능하다.

1) 단순구성적 양도논법

A이면 B이고, C이면 B이다.
A이든가 C이든가이다.
그러므로 B이다.

만일 산을 넘어가면 길이 험하여 약속시간에 늦고 돌아가면 길이 멀어 약속시간에 늦는다.

산을 넘어가든가 돌아가든가이다.
그러므로 어쨌든 약속시간에 늦는다.

2) 단순파괴적 양도논법

A이면 B이고, A이면 C이다.
B가 아니든가 C가 아니든가이다.
그러므로 A가 아니다.

만일 그가 모범적인 장교라면 근무에 충실할 것이며, 또한 모범적인 장교라면 복장이 단정할 것이다.
그는 근무에 충실하지 않든가 복장이 단정하지 않든가이다.
그러므로 그는 모범적인 장교가 아니다.

3) 복잡구성적 양도논법

A이면 C이고, B이면 D이다.
A든가 B든가이다.
그러므로 C든가 D든가이다.

만일 진지를 사수한다면 부대가 전멸할 것이고 항복하면 천추에 한을 남길 것이다.
진지를 사수하든가 항복하든가이다.
그러므로 부대가 전멸하든가 천추에 한을 남길 것이다.

4) 복잡파괴적 양도논법

A이면 C이고, B이면 D이다.
C가 아니든가 D가 아니든가이다.
그러므로 A가 아니든가 B가 아니든가이다.

> 만일 현명하다면 자기의 과오를 깨달을 것이요 정직하다면 자기의 과오를 인정할 것이다.
>
> 자기의 과오를 깨닫지 못하였든가 자기의 과오를 인정하지 않든가이다.
>
> 그러므로 현명하지 않든가 정직하지 않든가이다.

양도논법은 주로 부정적인 목적에서 사용되었다. 앞에서도 살펴본 것 처럼 전통적으로 양도논법은 상대방이 둘 중의 하나를 선택하지 않을 수 없게 만든 다음, 상대방이 어느 쪽을 선택해도 자기에게 불리한 결론에 이르게 만드는데 사용되었다.

가령 기독교인을 궁지에 몰아 넣는 다음과 같은 양도논법이 있다.

> 이 세상에는 악(고통과 불행)이 있다. 이것은 신이 악을 막을 수 없거나 아니면 신이 악을 막기 원하지 않기 때문이다. 만일 신이 악을 막을 수 없다면 신은 전능할 수 없다. 만일 신이 악을 막기 원하지 않는다면 신은 자비롭지 않다. 그러므로 신은 전능하지 않거나 자비롭지 않거나이다.

상대방이 그렇게 만들지 않았더라도 우리 자신이 어느 선택을 하든 골치 아픈 결과에 이르게 되어 괴로운 상황에 처하는 경우가 많다. 다음 예도 그런 경우이다.

> 브라운씨는 그런 일이 없는데도 왠지 모르게 교통규칙 위반으로 고발되었기 때문에 법정에 출두하지 않을 수 없도록 되었다. 판사는 그기 혐의 사실에 대하여 승복할 것인지 무죄를 주장할 것인지에 대해 물었다. 이것이 브라운씨의 딜레마이다.
>
> 나는 승복하거나 무죄를 주장해야 한다. 만일 내가 승복한다면 내가 범하지 않은 위반에 대하여 5 달러의 벌금을 물어야 한다. 말일 내가 무죄를 주장한다면 어느날 하루종일 법정에서 시간을 보내지 않으면 안된다.
>
> 나는 내가 범하지 않은 위반에 대해서 5 달러의 벌금을 물어야 하거나

법정에서 어느날 하루종일 시간을 보내야만 한다.

양도논법은 논쟁 중에 상대방을 궁지에 몰아 넣기 위해 사용되기도 하는데 논리적으로 타당한 경우도 있고 타당하지 않은 경우도 있다. 타당하지 못한 양도논법은 옛날부터 궤변이라고 불렸다. 부당한 양도논법은 선언명제나 가언명제 중 적어도 어느 한쪽이 잘못된 경우가 대부분이다. 그리고 선언명제의 오류를 지적하는 경우를 “뿔 사이로 피하기”라고 부르고, 가언명제의 오류를 지적하는 것을 “뿔로 잡기”라고 부른다. 따라서 궤변을 피하거나 논파하는 데는 “뿔 사이로 피하는 방법”과 “뿔로 잡는 방법”, 그리고 “반대딜레마로 반박하는 방법”이 있다. 뿔은 딜레마의 선택지를 말한다.

첫째, 뿔 사이로 피하는 방법.

만일 어떤 학생이 공부하기를 좋아한다면 그 학생에게는 자극이 필요없을 것이다. 또 만일 그가 공부하기를 싫어한다면 어떤 자극도 필요없을 것이다. 학생은 공부하기를 좋아하든가 싫어하든가이다. 그러므로 어쨌든 자극이란 필요없는 것이다.

이 딜레마는 뿔 사이로 피해야 한다. 선언명제의 선언지가 불완전하다. 학생들이 공부하기를 좋아하는 것과 싫어하는 것은 모순관계의 선언지가 아니다. 학생중에는 공부에 무관심한 태도를 갖는 학생도 있다. 이런 학생들에게는 자극이 필요하다. 뿔 사이로 피하는 방법은 딜레마의 부당성을 증명하는 것이 아니고 딜레마의 결론을 피하는 것이다.

둘째, 뿔로 잡는 방법.

만일 관세제도가 물자부족을 가져오면 그것은 해로운 것이다. 만일 관세제도가 물자부족을 가져오지 않으면 쓸모없을 것이다. 관세제도는 물자부족을 가져오거나 아니면 가져오지 않을 것이다. 그러므로 관세제도는 해롭거나 쓸모없는 것이 될 것이다.

이 딜레마는 뿔로 잡아야 한다. 이 방법은 가언명제의 전건과 후건이 필연적 관계를 갖고 있지 않다는 것을 논박하는 것이다. "관세제도가 물자부족을 가져온다"는 전건과 "그것은 해롭다"는 후건 사이에 필연적 관계가 있는가를 따져본다. 관세장벽으로 수입이 줄어 물자부족을 가져오더라도 오히려 그것이 자극이 되어 국내생산이 늘고 고용이 늘 수 있으므로 유해하다고 단정할 수 없다는 것이다.

셋째, 반대딜레마로 반박하는 방법.

프로타고라스는 기원 전 5세기 경 그리스에 살았던 철학자였다. 그는 다방면의 전문가였는데 그 중에서도 법정에서 변론하는 기술이 일품이었다. 이 프로타고라스의 제자가 되어 법률가가 되고 싶어한 에우아트르스라는 사람이 있었다. 그런데 에우아트르스는 수업료를 낼 능력이 없었다. 그래서 프로타고라스와 계약하기를 자신이 첫 번째 소송에서 이긴 경우에 수업료의 세 배를 내겠다고 약속하였다. 하지만 에우아트르스는 과정을 다 마치고도 소송을 맡을 생각을 하지 않았다. 기다리다 못한 프로타고라스는 마침내 제자인 에우아트르스에게 수업료를 요구하는 소송을 걸었다. 재판이 시작되자 프로타고라스는 다음과 같은 딜레마로 에우아트르스를 공격하였다.

"만약 에우아트르스가 재판에서 이긴다면 (계약조건에 따라) 나에게 수업료를 내야 합니다. 그리고 만약 에우아트르스가 이 재판에서 진다면 그는 (법정의 판결에 따라) 나에게 수업료를 내야 합니다. 에우아트르스는 재판에서 이기거나 질 것입니다. 그러므로 에우아트르스는 어쨌든 수업료를 내야 합니다."

상황은 에우아트르스에게 대단히 불리해 보였다. 그러나 에우아트르스는 스승에게서 변론술을 잘 배웠는지 다음과 같은 반대딜레마로 반박하였다.

"만약 제가 재판에서 이긴다면 저는 스승님께 (법정의 판결에 따라) 수업료를 낼 필요가 없습니다. 그리고 만약 제가 재판에서 진다면 (계약조건에 따라) 스승님께 수업료를 낼 필요가 없습니다. 저는 재판에서 이기거나 질 것입니다. 그러므로 저는 어쨌든 스승님께 수업료를 낼 필요가 없습니다."

다음의 예는 타당한 양도논법이다.

레이건은 미국 대통령에 취임하자마자 세계 초강대국의 권위를 다시 한 번 세우고자 몇 가지 계획을 세웠다. 그 중의 하나가 사회주의의 종주국인 소련의 군사력을 압도적으로 내리누르기 위한 스타워스(Star Wars) 계획이었다.

만약 미국과 러시아 사이에 핵전쟁이 벌어진다면 현재까지의 대응방법은 러시아에서 발사한 핵 미사일이 자기 나라로 날아오는 동안에 지상에서 미사일을 발사하여 격추시키는 것이다. 그러나 이 방법으로는 미사일을 100% 격추시킬 수 없기 때문에, 절반정도는 이미 미국의 하늘 위로 날아온 상태에서 격추시켜야 한다. 그러므로 얼마간의 미사일은 미국에 떨어질 수밖에 없다. 따라서 실제 핵 전쟁이 벌어진다면 어느 나라가 더 우세하다고 말할 수 없으며, 서로 망할 수밖에 없다.

그런데 레이건이 새롭게 추진하고자 했던 스타워즈 계획이란 하늘에 인공위성을 띄워서 러시아에서 미사일을 발사하는 순간에 레이저와 같은 무기를 이용하여 핵 미사일을 격추시키는 방법이다. 이렇게 된다면 러시아의 핵 미사일은 공중으로 날아 보지도 못하고 오히려 러시아에 떨어지게 되는 것이다. 물론 이 계획에는 막대한 돈이 들어가지만 성공한다면 군사력에서 러시아를 압도적으로 내리누를 수 있는 길이다.

그러나 이 계획이 발표되자 미국의 양식있는 학자들과 언론은 이 계획에 반대하고 나섰다. 이 때 사용된 논리가 바로 양도논법이었다. 결국 레이건 대통령은 이 양도논법을 논리적으로 반박하지 못하여 스타워스 계획을 취소하였다고 한다. 학자들이 레이건의 스타워스 계획에 반대한 논리는 다음과 같은 양도논법이었다.

스타워스 계획은 성공하든가 성공하지 못할 것이다.

만약 스타워스 계획이 성공한다면 러시아도 이에 대응하여 스타워스와 비슷한 무기를 만들 것이므로 미국의 군사력은 러시아보다 우위를 차지할 수 없을 것이다.

만약 스타워스 계획이 성공하지 못한다면 그것은 엄청난 경제력의 낭비가 될 것이다.

그러므로 스타워스 계획은 미국의 군사력이 러시아보다 우위를 차지할 수 없게 하든가 엄청난 경제력을 낭비하게 될 것이다.

Ⅲ. 기호논리학 – 명제논리

고전논리학은 일상언어를 그대로 사용하였다. 그러나 일상언어는 애매하고 모호하여 혼란을 일으키는 경우가 많다. 일상언어의 이런 애매성을 배제하고 혼란을 제거하기 위하여 정확한 기호를 사용하는 것이 기호논리학의 특징이다. 그러나 기호논리학은 고전논리학에 비해 정교한 방법을 사용한다는 차이가 있을 뿐이지 전혀 별개의 논리학은 아니다.

고전논리는 명제의 기본형식을 A, E, I, O명제로 나누어서 이 명제들로 구성되는 삼단논법을 중심으로 하는 논리체계이기 때문에 그것의 활용범위가 상당히 제한되어 있었다. 그러나 기호논리학은 원자명제로 분자명제를 만들 수 있는 방법을 체계화할 수 있으므로 고전논리보다 훨씬 더 다양하고 넓은 범위의 명제들을 다룰 수 있다.

기호논리학은 기호화하는 방법에 따라서 명제논리와 한량논리로 구분된다. 명제논리는 명제 단위로 명제 하나 하나를 기호화하지만 한량논리는 명제의 내부구조를 밝혀서 주어와 술어를 나누고 술어 중심으로 기호화한다. 여기서는 명제논리에 대해서만 살펴보기로 한다.

10장 명제와 결합사

1. 명제의 종류

고전논리의 기본단위가 개념이었다면 기호논리학의 기본단위는 명제이다. 명제는 진리치(truth-value)를 가진 문장이다. 명제의 진리치는 사실과의 일치 여부에 의해 결정된다. "농구 선수 마이클 조단은 은퇴했다"는 명제는 사실과 일치하므로 참이다. 반면에 "허재는 야구선수이다"는 명제는 사실과 일치하지 않으므로 거짓이다.

명제는 단순명제와 복합명제로 구분된다. 단순명제(simple proposition)는 더 이상 분해할 수 없고 다른 명제로 합성되지 않은 명제이다. 복합명제(compound proposition)는 단순명제로 합성되어 만들어진 명제이다. 단순명제는 원자명제(atomic proposition) 또는 요소명제(elementary proposition)라 부르고 복합명제는 분자명제(molecular proposition)라고 부른다. "아리랑은 한국민요이다"는 원자명제이고, "판소리는 한국음악이고 샹송은 프랑스음악이다"는 분자명자이다. 이 분자명제를 이룬 두 개의 원자명제에 "한국은 반도국가이다", "일본은 섬나라이다"를 넣으면 분자명제는 "한국은 반도국가이고 일본은 섬나라이다"가 된다.

(1) 판소리는 한국음악이고 샹송은 프랑스음악이다
(2) 한국은 반도국가이고 일본은 섬나라이다

(1),(2)의 원자명제에 각각 p. q를 넣으면 (1),(2)는

(3) p 그리고 q

가 된다. 이것은 분자명제 (1), (2)가 내용은 다르지만 형식은 동일하다는 것을 말해준다. 이 때 p, q를 명제변항(propositonal variable)이라고 한다. (3)은 구체적인 명제가 아니고 명제형식(propositional form)이라고 한다. p, q에 각각 원자명제를 넣으면 무수히 많은 분자명제가 얻어진다. 명제변항은 확정적인 진리치를 갖는 것이 아니고 변화하는 값을 갖는다.

"지금 밖에 비가 온다"는 명제는 실제로 밖에 비가 오면 참이고 비가 오지 않으면 거짓이다. 그러나 "x는 도시이다"라는 명제는 x라는 변항을 포함하고 있다. 이렇게 변항을 갖고 있는 명제를 명제함수라고 한다. 어떤 항이 다른 항의 변화에 따라 일정하게 변화할 때 그 '어떤 항'을 '다른 항'의 함수라고 한다. 명제함수는 구체적인 명제가 아니며 따라서 참도 아니고 거짓도 아니다. x에 대전이나 청주가 들어가면 그 경우는 참이 되고 x에 최용수가 들어가면 거짓이 된다.

분자명제의 진리치는 그것을 구성하는 원자명제의 진리치에 의해 결정된다. 이 경우 분자명제는 원자명제의 진리함수라고 한다. 즉 분자명제의 진리치는 원자명제의 진리치에 의해 결정되는 함수라는 것이다. 그리고 원자명제의 진리치를 구하는 것을 명제계산 또는 명제함수계산이라고 한다.

일반적으로 원자명제를 기호화하면서 이미 진리치가 확정된 특정한 명제는 A, B, C 등과 같은 대문자로 표시한다. 반면에 진리치가 확정되

지 않은 명제를 표시할 때는 명제기호 p, q, r ... 등의 소문자를 사용하는데, 이와 같이 진리치가 확정되지 않은 명제 p, q, r ... 등을 명제변항이라고 한다. 결국 일상언어의 수많은 명제들을 기호화할 때 원자명제 하나 하나에 대해서는 기호를 할당하여 기호화하면 된다. 그 경우 문제는 기호화한 원자명제와 원자명제를 결합하는 것이다. 원자명제들을 결합시켜주는 것은 결합사 내지는 접속사(connective)이다. 결합사에는 부정(negation), 연언(conjunction), 선언(disjunction), 조건언(conditinal), 양조건언(biconditional) 등이 있다. "박 세리는 한국 골프선수이고 타이거 우즈는 미국 골프선수이다"는 연언으로 연결된 분자명제이다. "한국이 이번 경제위기를 잘 극복하려면 각 부분의 구조조정을 충실하게 해야 한다"는 조건언으로 연결된 분자명제이다.

2. 결합사

1) 부정(否定, negation) ~

일상언어에서 "아니다" 또는 "거짓이다"라는 표현은 ~ 으로 기호화한다. "p가 아니다"는 " ~ p"라고 표시하며 이것은 "非p", "not p" 등으로 읽는다.

(1) 한국은 올림픽 개최국가이다.
(2) 이 승만은 한국의 초대 대통령이다.
(3) 한국은 올림픽 개최국가가 아니다.
(4) 이 승만은 한국의 초대 대통령이 아니다.

(1)를 A라고 하고 (3)을 B라고 하면 (2)는 ~A가 되고 (4)은 ~B가

된다. 달리 말하면 (2)는 "A는 거짓이다", (4)은 "B는 거짓이다"로 표시할 수 있다.

여기서 부정 ~는 모순관계를 나타낸다. p의 부정은 ~p인데 p와 ~p는 모순관계라는 것이다. 그래서 p가 참이면 ~p는 거짓이고 p가 거짓이면 ~p는 참이다. 이것을 표로 나타내면 다음과 같다.

p	~p
T	F
F	T

모순관계에서 한 가지 주의할 사항은 반대관계와 혼동하지 말아야 한다는 점이다. 다음 예를 살펴보자.

(5) 이 모자는 검은색이다.
(6) 이 모자는 흰색이다.
(7) 이 모자는 검은색이 아니다.

(5)를 p라고 하면 ~p는 (7)이다. 즉 (5)와 (7)은 모순관계이다. (5)와 (6)은 반대관계이다. 모순관계와 반대관계의 차이는 무엇인가? 모순관계에는 제 3의 값이 끼어들 수 없다. 서로 배타적 관계이다. (5)가 참이면 (7)은 무조건 거짓이고 (5)가 거짓이면 (7)은 무조건 참이다. 그러나 반대관계인 (5)와 (6) 사이에는 제 3의 값이 끼어들 수 있다. 만일 실제로 이 모자가 청색이라면 (5)와 (6)은 동시에 거짓이다. 검은색과 흰색 사이에는 많은 색이 끼어들 수 있다. 푸른색도, 노란색도 붉은색도 끼어들 수 있다.

p와 ~p는 모순관계로서 하나가 참이면 다른 하나가 거짓이고 하나가 거짓이면 다른 하나는 참이다.

2) 연언(連言, conjunction) ·

연언은 원자명제와 원자명제가 연결될 때 사용되는 기호이다. 연언은 '·'로 기호화하면 된다. 다음과 같은 여러 가지 형태의 명제들을 연언 (·)으로 기호화 할 수 있다.

(8) p와 q
(9) p 그리고 q
(10) p 그러나 q
(11) p 뿐만 아니라 q
(12) p 인 동시에 q
(13) p임에도 불구하고 q
(14) p, 한편 q

이상의 분자명제는 p·q로 기호화할 수 있다. 이것은 "p와 q", "p and q"로 읽는다. p·q의 진리치는 원자명제 p와 원자명제 q의 진리치가 다음과 같이 네 가지 경우로 변화함에 따라 결정된다.

첫째, p와 q가 참일 경우.
둘째, p가 참이고 q가 거짓일 경우.
셋째, p가 거짓이고 q가 참일 경우.
넷째, p가 거짓이고 q가 거짓일 경우.

이상은 다음과 같이 표로 나타낼 수 있다.

p	q	p·q
T	T	T
F	T	F
T	F	F
F	F	F

p·q는 p와 q 모두 참일 때에만 참이다.

연언을 기호화할 때 중요한 것은 일상언어의 "와", "과", "그리고"를 기계적으로 연언으로 기호화하지 말아야 한다는 점이다. 가령 다음 세 명제를 비교해보자.

15) 이문열과 박경리는 소설가이다.
16) 김영삼과 김대중은 영원한 라이벌이다.
17) 아빠와 엄마는 부부이다.

15)은 "이문열은 소설가이고, 박경리도 소설가이다"라는 의미이므로 분자명제이다. 16)는 "김영삼은 라이벌이고 김대중은 라이벌이다"라는 의미가 아니다. "김영삼은 라이벌이다"라는 명제만으로는 의미가 없다. 따라서 16)는 원자명제이다. 17)은 "아빠는 부부이고 엄마는 부부이다"라는 의미가 아니다. 17)도 역시 원자명제이다.

3) 선언(選言, disjunction) ∨

"또는", "혹은", " …이든가" 등을 선언이라 하고 선언으로 결합된 명제를 선언명제라고 한다. 선언에는 포괄적 선언과 배타적 선언이 있다. 포괄적 선언은 선언지(선언명제를 구성하는 원자명제)가 동시에 참일 수 있으며 적어도 하나의 선언지가 참인 선언이다. 배타적 선언은 선언지가 동시에 참일 수 없으며 어느 하나의 선언지만 참이 될 수 있는 선언이다.

18) 김군이 범인이든가 박군이 범인이다.
19) 정 대리는 이번 과장 승진시험에서 합격하든가 실패할 것이다.

18)은 포괄적 선언이다. 경찰에서 어떤 사건에 대해 수사하다가 김군과 박군을 피의자로 주목하였고 결국 "김군이 범인이든가 박군이 범

인이다"라고 추정하였다고 하자. 이 경우 김군과 박군 둘 중에 어느 한 사람이 범인일 수도 있지만 두 사람 모두 범인일 수도 있다. 따라서 18)은 적어도 한 사람은 범인이고 두 사람 모두 범인일 수 있음을 의미한다. 이런 의미의 선언을 포괄적 선언이라고 한다.

19)는 배타적 선언이다. 과장 승진 시험을 본 정 대리는 그 시험에서 합격하든가 불합격하지 동시에 합격하고 불합격할 수는 없다. 즉 두 선언지 중에 어느 하나의 선언지만 참일 수 있다. 두 선언지 모두가 참일 수 없다. 언젠가 전직 대통령이 "우리 국민들은 누구나 명예나 부 중에 하나만을 선택해야 한다"고 말한 적이 있다. 이 말의 의미는 명예와 부 중에 어느 하나만 추구해야지 명예와 부 둘 모두를 추구하면 부정에 연루된다는 의미로서 정치인들이 정치자금을 수수하는 행태를 경계하는 말이었다. 이 선언은 배타적 선언이다.

포괄적 선언과 배타적 선언의 공통적인 부분은 선언지 중의 어느 하나가 참이라는 것이다. 선언의 이런 부분을 "∨"로 기호화한다. 이것을 진리표로 나타내면 다음과 같다.

P	Q	P∨Q
T	T	T
F	T	T
T	F	T
F	F	F

배타적 선언은 선언지 중의 어느 하나만 참이라는 의미이므로 "∨"로 표시하면 (p·˜q)∨(˜p·q)이다. 이것을 진리표로 나타내면 다음과 같다.

p	q	~p	~q	p·~q	~p·q	(p·~q)∨(~p·q)
T	T	F	F	F	F	F
F	T	T	F	F	T	T
T	F	F	T	T	F	T
F	F	T	T	F	F	F

4) 조건언(條件言, conditional) ⊃

두 명제가 "만일 …이면, …이다"(if, then)로 연결될 때 이것을 조건언 또는 가언 명제라고 한다. 조건언은 "⊃", "→"을 사용하여 기호화한다. "만일 …이면" 부분은 전건이라고 하고 " …이다" 부분은 후건이라고 한다. 다음과 같은 예들이 조건언으로 기호화할 수 있는 명제들이다.

20) 만일 모든 사람이 죽고 홍길동이 사람이라면 홍길동은 죽는다.
21) 만일 그가 총각이라면 그는 결혼하지 않은 남자이다.
22) 내가 너를 때리면 너는 아플 것이다.
23) 내가 이번달에 보너스를 타면 그에게 선물을 사주겠다.

위의 네 명제의 전건과 후건의 결합관계는 모두 다르다. 20)은 논리적 결합이다. 20)은 논증의 전제와 결론을 각각 전건과 후건으로 연결한 것이다. 21)은 정의적 결합이다. 후건은 전건에 대한 정의이다. 22)는 인과적 결합이다. 전건은 원인이고 후건은 결과이다. 즉 내가 때린 것이 원인이고 네가 아픈 것이 결과이다. 23)은 결단적 결합이다. 전건이 충족되는 상황 하에서만 후건의 행위를 하겠다는 하나의 약속이다. 물론 이것 이외에도 조건언의 형태는 많다.

조건언의 공통된 특징이 무엇인가를 살펴보기 위해 23)의 경우를 대표적으로 검토해 보자. 첫째, 내가 이번달에 보너스를 타고 그에게 선물을 사주었으면 약속을 지켰으니 23)은 참이 된다. 둘째, 내가 이번달에 보너스를 타지 못해서 그에게 선물을 사주지 못했다면 23)은 참이 된다. 보너스를 타는 경우 선물을 사주기로 했으니 약속위반이 아니다. 셋째, 내가 이번달에 보너스를 타지 못했으나 그에게 선물을 사주었다면 약속위반은 아니므로 23)은 참이다. 넷째, 내가 이번달에 보너스를 탔는데도 그에게 선물을 사주지 않았다면 그야말로 약속위반이므로 23)은 거짓이다. 다시 말하면 전건이 참이고 후건이 거짓인 경우 조건언은 거짓이다. 이것은 다른 세 명제에도 적용된다. 모든 조건언 명제는 전건이 참이고 후건이 거짓인 경우 거짓이다. 이것을 진리표로 나타내면 다음과 같다.

P	Q	P⊃Q
T	T	T
F	T	T
T	F	F
F	F	T

조건언은 분자명제이므로 원자명제의 진리함수이다. 즉 조건언은 전건과 후건의 진리함수이다. 그렇다면 다음과 같은 경우가 발생한다.

24) 만일 제 3차 세계대전이 일어난다면 5는 9보다 크다.

24)는 전건이 거짓이고 후건이 거짓이므로 전체 진리값은 참이다. 제 3 차 세계대전의 발발과 5가 9보다 큰 것은 의미관계가 없지만 조건언은 특성상 전건과 후건의 진리치만을 고려한다. 조건언의 진리값은 전건과 후건의 참 · 거짓 여부에 달려있지 전건과 후건의 의미관계에 달려 있지 않다. 사실상 전건과 후건의 내용적인 의미관계는 무수히 많고 복잡하다. 우리가 다루는 논리학은 그런 의미관계를 배제한 외연논

리이다.

5) 양조건언(兩條件言, biconditional) ≡

양조건언 "≡"은 "만일 …일 경우, 오직 그 경우에만 …이다", "…는 …의 필요충분조건이다" 를 나타내는데 사용되며 P≡Q라고 기호화한다. 예를 들어 보자.

25) 만일 내가 만 20세 이상일 경우 오직 그 경우에만 나는 투표권을 갖는다.
26) 주민등록증을 발급받기 위한 필요충분조건은 만 18세 이상이라는 것이다.

25)의 의미는 내가 만 20세 이상이라면 나는 투표권을 갖고 있으며, 내가 투표권을 갖고 있다면 나는 만 20세 이상이라는 것이다. 즉 내가 만 20세 이상이라는 것은 투표권을 갖기 위한 필요충분조건이다. 26)의 의미도 주민등록증을 발급받았다면 만 18세 이상이고 만 18세 이상이면 주민등록증을 발급받았다는 것이다.

P≡Q는 P이면 Q이고 Q이면 P라는 것이다. 이것을 기호로 나타내면 (P⊃Q)·(Q⊃P)이다. 그런데 P가 Q이고 Q가 P라면 P와 Q는 동치(同値)이다. 동치를 진리표로 다음과 같다.

P	Q	P·Q	~(~P∨~Q)
T	T	T	T
F	T	F	F
T	F	F	F
F	F	F	F

3. 결합사의 상호교환

이제까지 다섯 개의 결합사에 대해 살펴보았다. 이제 결합사의 상호 관계에 대해 알아 보자.

먼저 연언의 경우 연언지(연언을 구성하는 원자명제)가 둘 다 참일 경우만 연언은 참이고 연언지가 어느 하나라도 거짓이면 연언은 거짓이다.

P	Q	P≡Q	(P⊃Q)·(Q⊃P)	(P·Q)∨(~P·~Q)
T	T	T	T	T
F	T	F	F	F
T	F	F	F	F
F	F	T	T	T

위의 진리표에서 알 수 있듯이 P·Q≡ ˜ (˜ P∨ ˜ Q) 이다. 여기서 알 수 있는 것은 연언을 선언과 부정으로 교환할 수 있다는 것이다.

다음으로 선언의 경우 선언지(선언을 구성하는 원자명제)가 적어도 하나만 참일 경우 선언은 참이며 선언지가 둘 다 거짓인 경우만 선언은 거짓이다.

P	Q	P∨Q	~(~P·~Q)
T	T	T	T
F	T	T	T
T	F	T	T
F	F	F	F

위의 진리표에서 알 수 있듯이 P∨Q≡˜(˜P·˜Q)이다. 따라서 선언은 연언과 부정으로 교환할 수 있다.

이어서 조건언의 경우 전건이 참이고 후건이 거짓인 경우 조건언은 거짓이다. 그리고 조건언이 참이 되는 세 경우는 전건이 거짓이거나 후건이 참인 경우이다.

P	Q	P⊃Q	~(P·~Q)	~P∨Q
T	T	T	T	T
F	T	T	T	T
T	F	F	F	F
F	F	T	T	T

위의 진리표에 따라 P⊃Q≡˜(P·˜Q)≡˜P∨Q이다. 그러므로 조건언은 연언과 부정으로 또는 선언과 부정으로 교환할 수 있다.

마지막으로 양조건언의 경우 원자명제가 둘 다 참인 경우와 둘 다 거짓인 경우 양조건언은 거짓이다. 양조건언은 동치이므로 P이면 Q이고 Q이면 P이다.

따라서 P≡Q≡(P⊃Q)·(Q⊃P)≡(P·Q)∨(˜P·˜Q)이다. 양조건언은 조건언과 연언 또는 부정과 연언과 선언으로 교환될 수 있다.

11장 진리표 방법

1. 진리표 작성요령

명제변항을 포함하는 분자명제는 확정된 진리치를 갖지 않는다. 명제변항은 고정된 값이 아니라 변동하는 값을 갖기 때문이다. 모든 분자명제는 그 안에 포함된 명제변항들에 진리치가 할당되고 결합사의 정의에 의해 진리치가 결정된다. 따라서 분자명제는 원자명제의 진리함수이다. 이 경우 분자명제의 진리치를 알기 위해서는 진리표를 작성해야 한다. 진리표는 진리함수적 명제의 참과 거짓 여부를 보여주는 표일 뿐만 아니라 명제계산의 기초가 된다. 이렇게 명제변항의 진리치에 따라 명제전체의 진리치를 결정하는 것을 진리치분석이라고 한다.

먼저 진리표 작성하는 방법부터 살펴보자.

	P	Q	P∨Q	P·Q	(P∨Q)⊃(P·Q)
①	T	T	T	T	T
②	F	T	T	F	F
	T	F	T	F	F
	F	F	F	F	T
	ⓐ	ⓑ			

진리표의 가로줄을 행이라 하고 세로줄을 열이라고 한다. ①②는 행이고 ⓐⓑ는 열이다.

행의 상단에는 먼저 원자명제를 적고 간단한 분자명제부터 복잡한 분자명제 순으로 적어가면서 맨 우측에는 가장 복잡한 분자명제를 적는다. 왼쪽의 원자명제(명제변항)에 대한 진리치 할당은 원자명제의 수에 따라 결정되며 진리표의 행수도 결정된다. 원자명제의 수가 n이라면 행수는 2^n개다. 원자명제가 3개이면 $2^3=8$개다. 가령 명제변항이 1개이면 $2^1=2$개이다. 위의 진리표는 명제변항이 2개이므로 행수는 4개이다.

명제변항의 수에 따라 행수가 결정되면 진리치는 다음과 같이 할당한다.

첫째, 제 1열은 T와 F를 한번씩 반복해서 할당한다.
둘째, 제 2열은 T와 F를 두번씩 반복해서 할당한다.
셋째, 제 3열은 T와 F를 네번씩 반복해서 할당한다.
넷째, 제 4열은 T와 F를 여덟번씩 반복해서 할당한다.

가령 (P· ˜ Q)⊃(P∨R)의 진리표를 작성해 보자. 명제변항이 3 개이므로 행수는 8개이다. (P· ˜ Q)⊃(P∨R)는 먼저 (P· ˜ Q)의 진리표를 작성한 다음 (P∨R)의 진리표를 작성한다. 최종적으로 (P· ˜ Q)⊃(P∨R)의 진리표를 작성한다. 진리치를 최종적으로 할당하는 결합사는 주결합사라고 한다. (P· ˜ Q)⊃(P∨R)에서 주결합사는 가언이다.

P	Q	R	~Q	P·~Q	P∨R	(P·~Q)⊃(P∨R)
T	T	T	F	F	T	T
F	T	T	F	F	T	T
T	F	T	T	T	T	T
F	F	T	T	F	T	T

T	T	F	F	F	T	T
F	T	F	F	F	F	T
T	F	F	T	T	T	T
F	F	F	T	F	F	T

2. 명제형식의 종류

분자명제는 그것을 구성하는 명제변항이나 원자명제의 진리치 할당에 따라 진리치가 결정된다. 분자명제가 갖는 진리치는 참과 거짓 둘 뿐이다. 분자명제의 진리치에 따라 분자명제를 세 가지 종류로 구분한다. 항진명제와 항위명제와 개연명제가 그것이다.

1) 항진명제

항진명제(恒眞命題)는 가능한 모든 조건 하에서 분자명제의 진리치가 참이 되는 명제이다. 다음의 경우는 항진명제이다.

P	Q	P⊃Q	(P⊃Q)·P	[(P⊃Q)·P]⊃Q
T	T	T	T	T
F	T	T	F	T
T	F	F	F	T
F	F	T	F	T

2) 항위명제

항위명제(恒僞命題)는 가능한 모든 조건 하에서 분자명제의 진리치가 거짓이 되는 명제이며 모순명제라고도 한다. 다음은 항위명제의 예이다.

P	Q	~Q	P⊃~Q	P·Q	(P⊃~Q)·(P·Q)
T	T	F	F	T	F
F	T	F	T	F	F
T	F	T	T	F	F
F	F	T	T	F	F

3) 개연명제

개연명제(蓋然命題)는 분자명제의 진리치에 적어도 하나의 참과 하나의 거짓이 포함되어 있는 명제이며 일부진명제라고도 한다. 다음은 개연명제의 예이다.

P	Q	P∨Q	P⊃Q	(P∨Q)≡(P⊃Q)
T	T	T	T	T
F	T	T	T	T
T	F	T	F	F
F	F	F	T	F

3. 진리표 방법에 의한 논증의 타당성 검토 방법

우리가 추리하거나 논증할 때 타당하게 추리하고 논증하려고 노력해야 하지만 이미 진행된 추리와 논증에 대해 타당한가 여부를 검토할 필요가 있고 검토할 수 있어야 한다. 진리표 방법은 논증의 타당성 검토에 사용된다. 논증의 타당성 검토 방법에는 여러 가지가 있는데 진리표 방법은 그 중 하나이다. 논증의 타당성 검토에는 가언 명제가 사용된다. 가언의 논리적 결합은 논증의 전제와 결론이 조건언의 전건과 후건으로 결합된 것이다. 모든 논증은 가언 명제로 바뀔 수 있으며 가언 명제의 진리표를 분석하면 항진명제이거나 항위명제이거나 개연명제이다.

한편 논증은 전제가 참이며 동시에 그 결론이 거짓일 수 없을 때 타당하다. 구체적인 논증의 타당성을 검토할 때 그 논증을 기호화해야 한다. 그런데 논증을 기호화하면 기호화된 논증은 논증형식이 된다. 구체적인 논증의 타당성은 형식화해서 검토하는 것이다. 어떤 논증형식은 그 명제변항에 대해 어떤 진리치를 할당하든 그 전제가 참이면서 그 결론이 거짓인 경우가 전혀 없는 형식이라면 그 형식은 타당하다. 이 때 진리표가 사용되는데 논증형식은 가언 명제로 바뀌어서 항진명제, 항위명제, 개연명제 중의 하나가 된다.

그런데 타당한 논증은 전제가 참이고 결론이 거짓이 되는 경우이다. 이것은 가언 명제의 전건이 참이고 후건이 거짓인 경우가 없다는 의미이다. 전건이 참이고 후건이 거짓인 경우 가언은 거짓이다. 가언이 거짓인 경우가 없다는 것은 가언이 항진명제이라는 것이다. 그러나 부당한 논증은 전제가 참이고 결론이 거짓인 경우이다. 이것은 가언 명제의 전건이 참이고 후건이 거짓인 경우가 있다는 의미이다. 전건이 참이고 후건이 거짓인 경우 가언은 거짓이다. 가언이 거짓인 경우가 있다는 것은 가언이 항위명제거나 개연명제라는 것이다.

이것을 정리하면 다음과 같다.

첫째, 논증을 기호화한다.

둘째, 전제들의 연언을 전건으로 하고 결론을 후건으로 하는 가언으로 하는 가언명제를 만든다.

셋째, 이 가언명제가 항진명제리면 그 논증은 타당하지만 항위명제거나 개연명제이면 그 논증은 부당하다.

논증 → P, Q / ∴R → (P·Q)⊃R →

항진명제→논증은 타당하다
개연명제→논증은 부당하다
항위명제→논증은 부당하다

예를 들어 보자.

예1) 기온이 영하로 떨어지면 수은주가 내려간다.
기온이 영하로 떨어졌다.
그러므로 수은주가 내려갔다.

위 논증은 구체적인 논증이지만 형식화하여 타당성을 검토해보자. 위 논증을 기호화하면 다음과 같다.

P⊃Q
P

∴ Q

다음으로 기호화된 예1)을 조건언으로 바꿔서 진리표 분석을 해본다.

P	Q	P⊃Q	(P⊃Q) · P	{(P⊃Q)·P}⊃Q
T	T	T	T	T
F	T	T	F	T
T	F	F	F	T
F	F	T	F	T

[{(P⊃Q)·P}⊃Q]은 항진명제형식이다. 예1)은 전제가 거짓이고 결론이 참인 경우가 없다. 따라서 예1)은 타당한 논증이다. 물론 예1)은 전건긍정식이라서 타당한 논증이다.

예2) 현재 영국 국왕은 여성이든가 남성이다.
현재 영국 국왕은 여성이다.
그러므로 현재 영국 국왕은 남성이 아니다.

예2)를 기호화하여 진리표를 분석해 보자.

$P \vee Q$
P

$\therefore \sim Q$

P	Q	~Q	P∨Q	(P∨Q) · P	{(P∨Q)·P}⊃~Q
T	T	F	T	F	T
F	T	F	T	F	T
T	F	T	T	T	T
F	F	T	F	F	T

[{(P∨Q)·P}⊃ ˜ Q]은 항진명제형식이다. 따라서 예2)는 타당한 논증이다.

예3)
내가 논리학 공부한다면 나는 좋은 점수를 맞는다.
내가 논리학 공부를 하지 않는다면 나는 즐겁게 보낸다.
그러므로 내가 좋은 점수를 맞거나 즐겁게 보낸다.

예3)를 기호화하면 다음과 같다.

$P \supset Q$
$\sim P \supset R$

$\therefore Q \vee R$

이상의 논증의 진리표를 분석해 보자. 아래의 진리표는 두 전제와 결론을 각각 표시하고 나중에 한꺼번에 표시하는 위에서의 방식으로 하지 않고 전제와 결론을 한꺼번에 표시하고 진리표를 분석하였다. 한꺼번에 표시한 전제와 결론에서 진리표를 표시하는 순서는 맨 아래행에 표시한 것 처럼 두 개의 전제와 결론을 표시한 다음 두 전제의 연언을 표시하고, 마지막으로 두 연언과 결론의 조건언 결합사에 최종적으로 표시한다. 그러므로 ⑤으로 표시한 조건언은 주결합사이다.

아래의 진리표 분석에서 알 수 있는 것 처럼 [{(P ⊃ Q)·(˜P ⊃ R)}⊃(Q ∨ R)]은 항진명제형식이므로 예3)은 타당한 논증이다.

P	Q	R	~P	{(P ⊃ Q) · (~P ⊃ R)}⊃(Q ∨ R)
T	T	T	F	T T T T T
F	T	T	T	T T T T T
T	F	T	F	F F T T T
F	F	T	T	T T T T T
T	T	F	F	T T T T T
F	T	F	T	T F F T T
T	F	F	F	F F T T F
F	F	F	T	T F F T F
기호화 순서 표시				① ④ ② ⑤ ③

예4) 만일 수입이 늘고 지출이 줄면 적자를 면할 것이다.
수입이 늘었다.
그러므로 적자를 면할 것이다.

예4)를 기호화하여 진리표를 분석해 보자.

(P · Q)⊃R
P

∴ R

P	Q	R	[{(P · Q) ⊃ R} · P] ⊃ R
T	T	T	T　T T　T T　T T
F	T	T	F　T T　F F　T T
T	F	T	F　T T　T T　T T
F	F	T	F　T T　F F　T T
T	T	F	T　F F　F T　T F
F	T	F	F　T F　F F　T F
T	F	F	F　T F　T T　F F
F	F	F	F　T F　F F　T F
기호화 순서 표시			①　⑤ ②　⑥③　⑦④

위의 진리표를 분석한 결과 〈[{(P · Q)⊃R} · P]⊃R〉 은 개연명제 형식이다. 따라서 예4)는 부당한 논증이다.

그런데 진리표 방식은 명제변항이 4개가 되면 진리표의 행수는 16개가 된다. 명제변항이 5개면 진리표 행수는 32개이다. 그러므로 논증의 타당성을 검토하는 진리표 방법은 명제변항이 많아지면 매우 복잡한 방법이다.

12장 약식진리표 방법

1. 귀류법

귀류법(歸謬法, reduction to absurdity)은 어떤 명제를 부정하면 모순에 빠진다는 것을 근거로 그 명제가 참임을 밝히는 우회적인 증명방법이다. 귀류법은 긍정적인 결론을 정립하기 위해 사용되지만 흔히 상대방의 주장을 논박하기 위해 사용되기도 한다. 가령 P를 증명한다고 해보자. 먼저 非P를 전제한 다음 非P라는 전제는 모순에 이르게 됨을 보여준다. 그리고 모순을 야기한 것은 바로 非P임을 지적한다. 결국 非P가 아니므로 P라고 결론내릴 수 있다.

귀류법은 수학에서 매우 중요한 방법이며 물리학에서도 사용된다. 가령 $\sqrt{2}$가 무리수라는 것을 증명할 경우 $\sqrt{2}$가 무리수가 아님을 전제한 다음 그런 전제는 모순에 이르게 됨을 보여주는 것이다. 그 다음 모순에 이르게 된 이유는 바로 $\sqrt{2}$가 무리수라고 전제한 것임을 보여준다. 그러면 $\sqrt{2}$가 무리수라는 전제를 철회해야 하는데 그것은 바로 $\sqrt{2}$가 유리수임을 간접 증명하는 결과이다. 유리수는 두 정수의 비(比)로 표현될 수 있는 수이다.

$\sqrt{2}$=무리수임을 귀류법으로 증명하기 위해 $\sqrt{2}$=유리수라고 전

제하자. 즉 $\sqrt{2}$ =n/m(기약분수)이라고 전제하자. 그러면 $2=(n/m)^2$가 된다. 다음으로 $n^2=2m^2$가 되고 n^2=짝수이므로 n도 짝수이다. n=2a라고 하자. 처음 전제는 $\sqrt{2}$ =2a/m이 된다. 그러면 $2=(2a/m)^2$가 되므로 $m^2=2a^2$이 된다. 다시 $m^2=2a^2$가 되고 m2=짝수이므로 m도 짝수이다. m=2b라고 하자. 처음의 전제 $\sqrt{2}$ =n/m(기약분수)는 $\sqrt{2}$ =2a/2b가 되는데 2a/2b는 기약분수가 아니므로 모순이다. 따라서 처음의 전제 $\sqrt{2}$ =n/m(기약분수)는 철회되어야 하고 $\sqrt{2}$ =무리수라는 주장이 간접증명되는 셈이다.

2. 약식진리표 방법에 의한 논증의 타당성 검토 방법

그러면 귀류법에 의해 진리표를 분석하는 방법을 검토하자. 앞에서도 살펴보았지만 진리표 방법은 명제변항의 수가 많아짐에 따라 매우 복잡하기 때문에 논증의 타당성 검토방법으로서 한계가 있었다. 약식진리표 방법은 진리표를 사용하기 때문에 진리표 방법과 유사하지만 귀류법을 사용하기 때문에 진리표 방법에 비해 간편하다. 우선 주요 목적은 논증의 타당성 검토라는 것을 염두에 두어야 한다.

첫째, 주어진 논증이 타당한가 부당한가를 알 수 없으나 일단 부당하다고 가정한다. 즉 전제가 참이고 결론이 거짓이라고 가정한다. 이것은 가언명제형식의 전건이 참이고 후건이 거짓이라고 가정하는 것이다(논증이 참이라고 가정할 수 있지만 그럴 경우 가언명제형식에서 세 가지 경우가 있으므로 논증이 참이라는 가정은 부적절하다).

둘째, 위의 가정이 이끌어내는 결과들을 검토한다. 조건언의 진리치가 거짓이라는 가정은 전건이 참이고 후건이 거짓이라는 것을 귀결한다. 전건이 참이고 후건이 거짓이라는 결과는 또다른 결과를 이어서 가져온다. 이러한 과정에서 위의 가정은 모순을 야기하거나 모순을 야기하지 않거나 한다.

셋째, 모순을 야기한다면 위의 가정을 철회해야 한다. 위의 가정을 철회한다는 것은 주어진 논증의 전제가 참이고 결론이 거짓이라는 가정을 철회하는 것이므로 주어진 논증은 타당하다고 증명되는 것이다. 모순을 야기하지 않는다면 위의 가정은 유효하다. 위의 가정이 유효하다는 것은 주어진 논증의 전제가 참이고 결론이 거짓이 되는 경우가 있다는 것이다. 즉 주어진 논증은 부당하다.

예를 들어보자.

예1) 봄이 오면 개나리와 진달래가 핀다.
봄이 왔다.
그러므로 개나리와 진달래가 폈다.

위 논증은 구체적인 논증이지만 형식화하여 타당성을 검토해보자. 위 논증을 기호화하면 다음과 같다.

$P \supset Q$
P
───────
$\therefore Q$

다음으로 기호화된 예1) 을 조건언으로 바꿔서 약식진리표 방법으로 진리표 분석을 해본다.

$\{(P \supset Q) \cdot P\} \supset Q$

	{(P	⊃	Q)	·	P}	⊃	Q
첫째단계						F	
둘째단계				T			F
셋째단계		T			T		
넷째단계	T	T	F		T		
다섯째단계		F					
모순발생		↑					

첫째 단계에서 조건언이 거짓(F)이라고 가정한다. 둘째단계에서는 조건언이 거짓이라는 첫째단계의 가정에 따라 전건이 참이고 후건이 거짓이라는 진리치를 할당한다. 셋째단계에서는 전건이 참이라면 전건을 이루는 연언지들이 참이므로 연언지에 참이라는 진리치를 각각 할당한다. 넷째단계에서는 둘째단계와 셋째단계에서 얻어진 Q의 진리치 거짓과 P의 진리치 참을 할당한다. 그런데 다섯째단계에서 P의 진리치 참과 Q의 진리치 거짓에 따라 P⊃Q는 거짓이 된다. 여기서 모순이 발생한다. P⊃Q는 전건이 참이라서 전건을 이루는 연언지중의 하나인 P⊃Q는 참이지만, P의 진리치 참과 Q의 진리치 거짓에 따라 거짓이다. P⊃Q는 동시에 참이고 거짓이어서 모순이 된다. 모순의 원인은 다른 곳에 있지 않고 첫째단계에서 조건언이 거짓이라는 가정에 있다. 그 가정은 거짓이다. 그 가정은 논증의 전제가 참이고 결론이 거짓이라는 가정이다. 그 가정이 거짓이라면 논증의 전제가 참이고 결론이 거짓이 아니라는 것이다. 따라서 그 논증은 타당하다.

위의 과정을 다음과 같이 표시하면 간편하다.

{(P	⊃	Q)	·	P}	⊃	Q
T	T	F	T	T	F	F
④	③	④	②	③	①	②
	F					
	↑					

예2) 만일 수입이 늘고 지출이 줄면 적자를 면할 것이다.
수입이 늘었다.
그러므로 적자를 면할 것이다.

예2)를 기호화하여 약식진리표 방법으로 진리표를 분석해 보자.

$(P \cdot Q) \supset R$
P

$\therefore R$

[{(P	·	Q)	⊃	R}	·	P]	⊃	R
T	F	F	T	F	T	T	F	F
④	⑤	⑥	③	④	②	③	①	②

위의 약식진리표에서 ⑤가 F인 이유는 조건언③의 진리치가 참이고 후건 ④의 진리치가 거짓이기 때문이다. 예1)과는 달리 예2)는 모순이 없다. 모순이 없다는 것은 최초의 가정이 옳다는 것이다. 즉 논증의 전제가 참이고 결론이 거짓인 경우가 있다는 것이므로 예2)는 부당하다.

위의 두 가지 예에서 알 수 있듯이 약식진리표의 결과 모순이 발생하면 주어진 논증이 타당하다는 것이고 모순이 발생하지 않으면 주어진 논증이 부당하다는 것이다.

예3) 대수학이 요구되거나 기하학이 요구된다면 모든 학생은 수학을 공부할 것이다.
대수학이 요구되고 삼각법이 요구된다.
그러므로 모든 학생은 수학을 공부할 것이다.

P－대수학이 요구된다.
Q－기학학이 요구된다.
R－모든 학생은 수학을 공부할 것이다.
S－삼각법이 요구된다.

$(P \vee Q) \supset R$
$P \cdot S$

$\therefore R$

[{(	P	∨	Q)	⊃	R}	·	(P	·	S)]	⊃	R
	T	F		T	F	T	T	T	T	F	F
	⑤	⑥		③	⑤	②	④	③	④	①	②
		T									
		↑									

위의 약식진리표 분석 결과 ⑥에서 모순이 발생한다. ⑥은 ③⑤의 결과 거짓(F)이지만 P ∨ Q의 선언지 중 P가 참(T)이므로 P ∨ Q는 참(T)이다. ⑥은 동시에 참이고 거짓이므로 모순이다. 따라서 예3)은 타당한 논증이다.

예4) 창수는 버스나 기차를 탄다.
만일 그가 버스를 타거나 자신의 차를 운전하면 그는 늦게 도착하고 첫 시간을 놓친다.
그는 늦게 도착하지 않았다.
그러므로 그는 기차를 탔다.

$B \vee T$
$(B \vee C) \supset (L \cdot M)$
$\sim L$

$\therefore T$

[(B ∨ T) · {(B ∨ C) ⊃ (L · M)} · ~L] ⊃ T

T T F T T F T F F T T F F F

⑥ ③⑤② ⑦ ⑨ ③⑤⑧ ②③④①②

T

↑

약식진리표 분석과정에서 중요한 것은 조건언이 모순을 발생시키느냐 발생시키지 않느냐이다. 따라서 진리치를 분석하는 과정의 순서는 조금 달라도 관계가 없다. 그 가정의 결과 모순이 발생하면 가정은 거짓이고 모순이 발생하지 않으면 그 가정은 참이다. 그러므로 진리표 분석을 끝까지 진행하지 않아도 중간에 모순이 발생하면 거기서 멈추어도 된다. 모순이 발생하느냐 하지 않느냐가 중요하기 때문이다. 다음 예를 살펴보자.

예5) ~Q

P⊃Q

R⊃S

~P ⊃(Q⊃R)

∴Q⊃S

[~ Q · (P ⊃ Q) · (R ⊃ S) · {~P ⊃ (Q ⊃ R)}] ⊃ (Q ⊃ S)

T F T T T T T T F T F F

④⑤② ④ ② ④ ② ④ ① ③ ② ③

↑ ↑

위의 예5)는 ③과 ⑤에서 모순이 발생한다. 왼쪽의 ⑤에서 Q의 진리치는 거짓(F)인데 오른쪽의 ③에서 Q의 진리치는 참(T)이다. 진리표 분석 중간에 모순이 발생했으므로 최초의 가정이 거짓이라는 것이 밝혀졌다. 따라서 더 이상 진리표 분석을 진행할 필요가 없다. 예5)는 타당한 논증이다.

예6) ~Q

―――――――――

∴ {P≡(~P · Q)}

~	Q	⊃	[P	≡	(~	P	·	Q	)]
T	F	F	T	F			F	F	
②	③	①	⑥	②			⑤	④	

예6)의 진리표에서 ~P · Q는 ③에 따라 Q가 거짓이고 연언지 중의 하나가 거짓이므로 ~P · Q의 진리치는 거짓이다. 그리고 양조건언 ②의 진리치가 거짓이고 ⑤의 진리치는 거짓이므로 ⑥의 진리치는 참이다. 여기까지 진리표 분석 결과 모순이 없으므로 예7)은 부당한 논증이다.

다음 논증은 두 경우로 나누어 진리표를 분석해야 한다.

예7) P≡Q

―――――――――

∴ (R · P)≡(Q · R)

(P	≡	Q)	⊃	{(R	·	P)	≡	(Q	·	R)}
T	T	T	F	T	T	T	F	T	T	T
				F	F	T	F	T	F	F
③	②	③	①	⑤	⑥	④	②	④	⑥	⑤
							T			
							↑			

(P	≡	Q)	⊃	{(R	·	P)	≡	(Q	·	R)}
F	T	F	F		F	F	F	F	F	
(3)	(2)	(3)	(1)		(5)	(4)	(2)	(4)	(5)	
							T			
							↑			

예7)은 P≡Q가 참이 되는 두 가지 경우에 따라 진리표 분석이 두 가지로 나누어 이루어졌다. ①②③으로 이어지는 경우와 (1)(2)(3)으로 이어지는 경우이다. ①②③으로 이어지는 경우는 P와 Q가 참이 되는 경우이며 ⑤에서도 R의 진리값을 참과 거짓 두 경우로 나누었다. 그러나 두 경우 모두 양조건언 양쪽의 진리값이 같아서 참인데 이미 얻어진 거짓이 있으므로 ②에서 모순이 발생한다. (1)(2)(3)으로 이어지는 경우는 (4)에서 연언지가 거짓이므로 연언의 진리치 (5)는 다른 연언지의 진리치와 무관하게 거짓이다. 이 경우도 양조건언 양쪽의 진리값이 같아서 참인데 이미 얻어진 거짓이 있으므로 (2)에서 모순이 발생한다. 예6)은 두 경우로 나누어 진리치 분석을 한 결과 모순이 발생하므로 타당한 논증이다.

13장 진리나무 방법

1. 진리나무의 요령

진리나무(truth tree) 방법은 나무의 가지가 뻗어나가는 모습을 닮았으며, 약식진리표 방법보다 더 간편하고 기계적으로 타당성을 검토하는 방법이다. 진리나무 방법도 약식진리표 방법과 원리적으로는 같다. 약식진리표 방법 처럼 진리나무 방법도 전제를 긍정하고 결론을 부정한 후 모순이 발생하는가 발생하지 않는가를 검토한다. 모순이 발생하면 논증은 타당하고 모순이 발생하지 않으면 논증은 부당하다.

진리나무 방법에서는 모순이 발생하는가 여부를 나무에서 뻗은 가지별로 검토하면서 모순이 발생하면 ×를 표시하고 모순이 발생하지 않으면 ○를 표시한다. ×는 전제를 긍정하고 결론을 부정하면 모순이 발생하므로 전제를 긍정하고 결론을 부정하지 말아야 한다는 의미이다. ○는 전제를 긍정하고 결론을 부정하면 모순이 발생하지 않으므로 전제를 긍정하고 결론을 부정할 수 있다는 의미이다.

진리나무 방법은 다음과 같이 진행된다.

첫째, 결론을 부정한다. 부정한 결론과 주어진 전제 중에서 가언과 양조건언은 선언이나 연언의 형태로 바꾼다. 연언은 수직으로 가지를 쳐서 연언지를 그려넣고 선언은 좌우로 가지를 쳐서 선언지를 그려넣는다.

둘째, 연언으로 된 명제부터 차례로 진리나무를 그려주면서 어느 가지에서 서로 모순된 명제변항기호가 있으면 ×를 표시하고 ×표가 없는 가지는 진리나무를 이어서 그려간다.

셋째, 주어진 전제와 결론을 모두 진리나무로 그린 후 모순된 명제변항기호가 없다면 그 가지는 ○를 표시한다. 진리나무의 모든 가지가 ×로 표시된다면 주어진 논증은 타당하고 어느 한 가지라도 ○표로 표시된다면 그 논증은 부당하다.

2. 진리나무에 의한 논증의 타당성 검토 방법

이제 다음 논증들의 타당성을 진리나무 방법으로 검토해 보자.

예1) 그는 휴일에 영화보러 가거나 낚시터에 간다.
그는 영화보러 가지 않았다.
그러므로 그는 낚시터에 갔다.

예1)를 기호화하면 다음과 같다.

$$P \vee Q$$
$$\sim P$$

$$\therefore Q \quad \rightarrow \sim Q$$

위 논증의 타당성을 진리나무 방법으로 검토하자. 특히 위 논증은 선언을 포함하고 있다.

~Q

|

~P

/ \

P Q

× ×

위 논증에서 처럼 선언은 가지를 양쪽으로 벌려서 그리고 선언지를 써넣는다. 왼쪽 가지에서 P와 ˜P는 모순이고 오른쪽 가지에서 Q와 ˜Q는 모순이므로 각각 ×를 표시하였다. 결과적으로 두 가지에서 모두 모순이 발생하므로 전제가 참이고 결론이 거짓인 경우가 없다는 의미이다. 따라서 예1)은 타당한 논증이다.

예2) 서울은 한국의 수도일 뿐만 아니라 한국 최대의 도시이다.
서울은 한국의 수도가 아니다.
그러므로 서울은 한국 최대의 도시가 아니다.

위 논증을 기호화하면 다음과 같다.

P·Q
~P

∴ ~Q →Q

P

·

Q

|

~P

|

|

Q

×

위 논증에서처럼 연언은 수직방향으로 가지를 쳐서 한묶음으로 써넣는다. 연언지 중의 P와 ~P는 모순이지만 Q와 Q는 모순이 아니다. 그러나 연언에서 한쪽 연언지가 참이고 다른 한쪽 연언지가 거짓이면 연언이 거짓인 처럼, 한쪽이 모순이고 다른 한쪽이 모순이 아니면 모순으로 처리해야 한다. 따라서 예2)는 타당한 논증이다.

예3) 그 물질이 산성이면 이 리트머스 시험지는 빨갛게 된다.
리트머스 시험지는 빨갛게 되지 않았다.
그러므로 그 물질은 산성이 아니다.

이 예를 기호화하면 다음과 같다.

$P \supset Q$
P

$\therefore Q$

진리나무 방법으로 위 논증의 타당성을 검토하자.

$P \supset Q \quad \rightarrow \sim P \vee Q$
P

$\therefore Q \quad \rightarrow \sim Q$

~Q

·

P

╱╲

~P　Q

×　×

위의 진리나무를 검토해 보면 왼쪽의 가지에서 P와 ˜P가 모순이고 오른쪽 가지에서 Q와 ˜Q가 모순이므로 예3)은 타당한 논증이다.

예4) 내가 만 18세 이상일 경우 그리고 오직 그 경우에만 나는 주민등록증을 발급받는다.
그러므로 내가 만 18세 이상이라면 나는 주민등록증을 발급받는다.

위 논증을 기호화하여 진리나무 방법으로 타당성을 검토해 보자.

P≡Q →(P · Q)∨(~P· ~Q)

———

∴P⊃Q →~(~P∨Q) → P· ~Q

P

·

~Q

╱╲

P　~P

·　·

Q　~Q

×　×

위 논증에서 왼쪽 가지는 Q와 ˜Q가 모순이고 오른쪽 가지는 P와 ˜

P가 모순이므로 예4)는 타당한 논증이다.

다음은 부당한 논증의 경우를 살펴보자.

예5) 이것이 한국산제품이라면 한국산제품 표시가 있을 것이다.
이것에는 한국산제품 표시가 있다.
그러므로 이것은 한국산 제품이다.

위 논증을 기호화하여 진리나무 방법으로 타당성을 검토하자.

$P \supset Q \rightarrow \sim P \vee Q$
Q

$\therefore P \rightarrow \sim P$

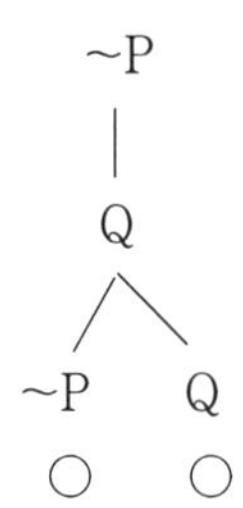

위 진리나무에서 알 수 있듯이 왼쪽 가지에서 ~P와 ~P는 모순이 아니며 오른쪽 가지에서 Q와 Q는 모순이 아니다. 따라서 예 5)는 부당한 논증이다. 실제로 예5)는 후건긍정의 오류를 범한 논증이다.

다음 논증형식의 타당성을 진리나무로 검토해 보자.

예6) $P \supset Q \rightarrow \sim P \vee Q$
$P \supset R \rightarrow \sim P \vee R$

$\therefore Q \vee R \rightarrow \sim(Q \vee R) \rightarrow \sim Q \cdot \sim R$

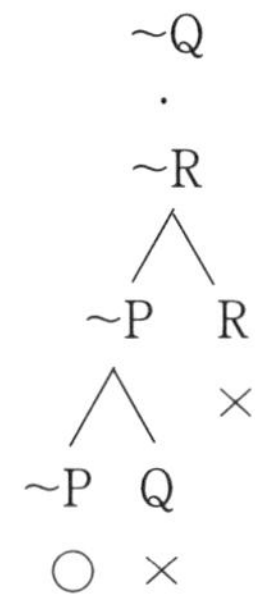

위 논증은 두 개의 가지에서 모순이 있고 한 개의 가지에서 모순이 없다. 예6)은 개연명제형식이고 따라서 부당한 논증이다.

다음 예는 약식진리표방법으로 타당성을 검토한 바 있다. 진리나무 방법과 약식진리표 방법을 비교해 보기 위해 다시 풀어본다.

예7) ~Q
P⊃Q →~P∨Q
R⊃S →~R∨S
~P ⊃(Q⊃R) →P∨(~Q∨R)

∴Q⊃S →~(~Q∨S) →Q · ~S

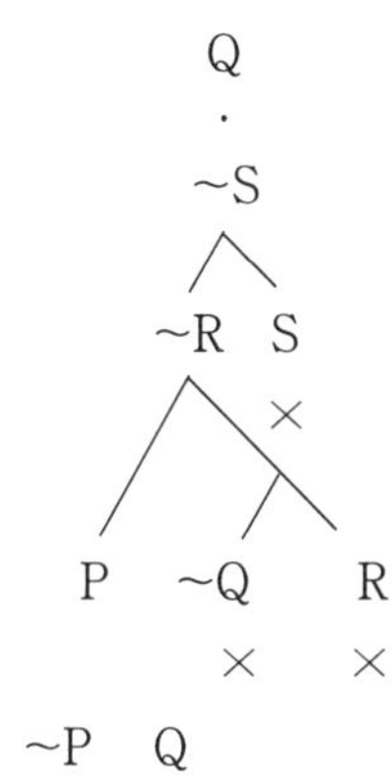

진리나무 방법으로 검토한 결과 모든 가지에서 모순이 발생했으므로 예7)은 타당한 논증이다. 약식진리표 방법으로도 예7)은 타당한 논증으로 밝혀진 바 있다. 진리나무 방법은 약식진리표 방법보다 약간 간편하다. 그런데 예7)에서 어떤 전제를 먼저 쓰느냐에 따라 주의할 일이 있다.

위에서 처럼 결론인 Q · ˜S 아래에 ˜P∨Q를 쓰면 Q와 Q는 모순이 아니므로 ○를 표시한다. 그렇게 되면 결과적으로 예7)은 부당한 논증이 된다. 따라서 다음과 같은 것을 주의해야 한다. 앞에서 진리나무 방법 세 가지 규칙 이외에 다음 넷째 규칙을 추가해야 한다.

넷째, 진리나무 방법을 적용하는 중에 ×는 어느 곳에서도 표시할 수 있지만 ○는 중간에 표시하지 말고 맨 마지막에서만 표시해야 한다. 왜냐하면 중간에 ○를 표시하는 명제변항기호는 더 써야 할 것이 있으면 추가해서 써야 할 명제변항기호와의 사이에서 모순이 발생할 수 있기 때문이다. 그러나 맨마지막에는 ○를 표시할 수 있다. 더 이상 써야 할 것이 없으므로 ○를 표시할 수밖에 없다. 그러나 더 쓸 수 있는 것이 남아 있는 상태에서는 ○를 표시하지 말아야 한다.

다음의 예도 마찬가지 경우이다.

예8) (P⊃Q)∨R → (~P∨Q)∨R
Q · R

―――――――――

∴ P∨R → ~(P∨R) → ~P · ~R

풀이1)

~P
·
~R
|
Q
·
R
×

풀이2)

~P
·
~R

~P　Q　R
○　|　×
Q
·
R
×

위의 풀이 1)처럼 진리나무 방법을 적용하면 괜찮지만 풀이 2) 처럼 진리나무 방법을 적용해서는 안된다. 풀이 2)에서 ○를 표시한 부분은 최종적인 단계가 아니라 더 쓸 수 있는 Q · R이 남아 있으므로 중간단계이어서 ○를 표시하지 말아야 한다. 그래서 다음과 같이 진리나무를 적용해야 한다.

풀이 3)

위에서의 풀이3)처럼 모든 가지에서 모순이 발생하므로 예8)은 타당한 논증이다.

14장 대입규칙 및 추리규칙의 방법

1. 대입규칙과 추리규칙

이 장에서는 대입규칙과 추리규칙에 의해 논증의 타당성을 증명하는 방법을 검토한다. 진리표 방법과 진리나무 방법은 타당성과 부당성만을 알 수 있었지만 대입규칙과 추리규칙의 방법은 어떤 전제가 어떤 결론을 도출하는가를 명확히 밝혀준다. 대입규칙은 가령 이중부정에서 P 대신에 ˜ ˜P를 대치해도 되는 규칙이다. 대입규칙에는 10 가지가 있다. 추리규칙은 가령 P⊃Q와 P로부터 Q를 추리할 수 있도록 해주는 규칙이다. 추리규칙에는 9 가지가 있다.

1) 대입규칙

① 드 모르강의 정리 - De Morgan's Theorem(De M)

$\sim(P \cdot Q) \equiv (\sim P \vee \sim Q)$

$\sim(P \vee Q) \equiv (\sim P \cdot \sim Q)$

② 교환규칙 - Rule of Commucation(Comm)

$(P \vee Q) \equiv (Q \vee P)$

$(P \cdot Q) \equiv (Q \cdot P)$

③ 결합규칙 – Rule of Association(Assoc)

$[P \vee (Q \vee R)] \equiv [(P \vee Q) \vee R]$
$[P \cdot (Q \cdot R)] \equiv [(P \cdot Q) \cdot R]$

④ 분배규칙 – Rule of Distribution(Dist)

$[P \vee (Q \cdot R)] \equiv [(P \vee Q) \cdot (P \vee R)]$
$[P \cdot (Q \vee R)] \equiv [(P \cdot Q) \vee (P \cdot R)]$

⑤ 이중부정 – Double Negation(D.N.)

$P \equiv \sim\sim P$

⑥ 항진 – Tautology(Taut)

$P \equiv (P \vee P)$
$P \equiv (P \cdot P)$

⑦ 동치 – Equivalence(Equiv)

$(P \equiv Q) \equiv [(P \supset Q) \cdot (Q \supset P)]$
$(P \equiv Q) \equiv [(P \cdot Q) \vee (\sim P \cdot \sim Q)]$

⑧ 수출원리 – Principle of Exportation(Exp.)

$[(P \cdot Q) \supset R] \equiv [P \supset (Q \supset R)]$

⑨ 함축 – Implication(Imp)

$(P \supset Q) \equiv \sim P \vee Q$

⑩ 전환규칙 – Rule of Transpositon(Trans.)

$(P \supset Q) \equiv (\sim Q \supset \sim P)$

2)추리규칙

① 단순화규칙 – Rule of Simplification(Simp.)

$P \cdot Q$

$\therefore P$

② 연언규칙 – Rule of Conjunction(Conj.)

P
Q

$\therefore P \cdot Q$

③ 전건긍정식 – Modus Ponens(M.P.)

$P \supset Q$
P

$\therefore Q$

④ 후건부정식 – Modus Tollens(M.T.)

$P \supset Q$

$\sim Q$

$\therefore \sim P$

⑤ 선언적 삼단논법 – Disjunctive Syllogism(D. S.)

$P \vee Q$

$\sim P$

$\therefore Q$

⑥ 가언적 삼단논법 – Hypothetical Syllogism(H. S.)

$P \supset Q$

$Q \supset R$

$\therefore P \supset R$

⑦ 부가규칙 – Rule of Addition(Add.)

P

$\therefore P \vee Q$

⑧ 구성적 양도논법 – Constructive Dilemma(C. D.)

$(P \supset Q) \cdot (R \supset S)$

$P \vee R$

$Q \vee S$

⑨ 파괴적 양도논법 – Destructive Dilemma(D. D.)

$(P \supset Q) \cdot (R \supset S)$
$\sim Q \vee \sim S$

$\therefore \sim P \vee \sim R$

대입규칙에서 수출원리 $[(P \cdot Q) \supset R] \equiv [P \supset (Q \supset R)]$는 괄호 안의 Q를 괄호 밖으로 수출하는 것이다. 그러므로 교환규칙에 의해 $(P \cdot Q)$과 $(Q \cdot P)$는 같으므로 P를 괄호 밖으로 수출할 수 있다. 수출원리는 다음과 같이 정리할 수 있다.

$$[(P \cdot Q) \supset R] \equiv [P \supset (Q \supset R)]$$
$$\equiv [Q \supset (P \supset R)]$$

추리규칙에서 새롭게 나온 것은 부가규칙과 연언규칙과 단순화규칙이다. 특히 부가규칙은 많이 사용되는 중요한 규칙이다. 부가규칙은 선언의 형태로 부가할 수 있다. 부가할 수 있는 것은 Q 이외에도 R도 될 수 있고 S도 될 수 있다. 이것은 약식진리표로 검토해 보면 분명해진다.

P

$\therefore P \vee Q$

$$
\begin{array}{cccc}
P & \supset & (P & \vee & Q) \\
T & F & T & F & \\
② & ① & ③ & ② & \\
 & & & T & \\
 & & & \uparrow &
\end{array}
$$

위의 약식진리표에서 알 수 있듯이 ②는 동시에 거짓이고 참이므로 모순이다. (P ∨ Q)는 Q의 진리치와 무관하게 모순이다. 따라서 꼭 Q가 아니어도 된다는 것이다.

연언규칙은 따로 따로 별개로 있는 명제변항을 연언으로 묶을 수 있다는 것을 말하는 규칙이다. 연언규칙은 다음과 같이 적용될 수도 있다.

$$
\begin{array}{l}
P \vee Q \\
P \supset Q \\
\hline
\therefore (P \vee Q) \cdot (P \supset Q)
\end{array}
$$

단순화는 연언으로 묶여있는 분자명제의 한쪽 연언지를 버리고 남은 다른쪽 연언지를 취할 수 있음을 말하는 규칙이다. 단순화규칙은 다음과 같이 적용될 수 있다.

$$
\begin{array}{l}
(P \vee Q) \cdot (P \supset Q) \\
\hline
\therefore P \vee Q
\end{array}
$$

2. 대입규칙과 추리규칙에 의한 논증의 타당성 검토방법

이제 구체적인 논증을 대입규칙과 추리규칙에 의해 타당성을 증명해 보자.

예1) 김 군은 논리학을 잘 하든가 수학을 잘 할 것이다.
그런데 그는 우등생이지만 수학을 잘하지 못한다.
그러므로 그는 사리판단이 정확하지 않든가 논리학을 잘 할 것이다.

① P∨Q
② R · ~Q / ∴ ~T∨P
③ ~Q ② Simp.
④ P ①③ D.S.
⑤ P∨~T ④ Add.
⑥ ~T∨P ⑤ Comm.

위의 풀이과정에서 ①②는 전제이며 마지막 전제 오른쪽의 사선 옆에는 결론을 적어놓는다. ③④⑤⑥은 결론을 도출하는 과정인데, ③④⑤⑥의 오른쪽에는 어떤 전제에 어떤 규칙을 적용시켰는가를 보여주고 있다.

예2) 만일 사람이 좋은 교육을 받고 기술을 습득했다면 그는 실패하지 않을 것이다.
김경진은 기술을 습득하였고 실패하였다.
그러므로 그는 좋은 교육을 받지 않았다.

① (P · Q)⊃~R
② Q · R / ∴ ~P

③ R　　　② Simp.
④ ~(P · Q)　①③ M.T.
⑤ ~P∨~Q　④ De M.
⑥ Q　　　② Simp.
⑦ ~P

예3) 창수는 버스나 기차를 탄다.
　만일 그가 버스를 타거나 자신의 차를 운전하면 그는 늦게 도착하고 첫 시간을 놓친다.
　그는 늦게 도착하지 않았다.
　그러므로 그는 기차를 탔다.

① B∨T
② (B∨C)⊃(L · M)
③ ~L　　/∴ T
④ ~L∨~M　③ Add.
⑤ ~(L · M)　④ De M.
⑥ ~(B∨C)　②⑤ M.T.
⑦ ~B · ~C　⑥ De M.
⑧ ~B　　⑦ Simp.
⑨ T　　①⑧ D.S.

예4) 김 씨가 도망한다면 그는 결백하여 감옥에서 석방된다는 것은 거짓이다.
　만일 그가 소지품을 조사하도록 한다면 그는 결백하다.
　만일 그가 결백하다면 감옥에서 석방된다.
　그는 소지품을 조사하도록 할 것이다.
　그러므로 그는 도망하지 않을 것이다.

① K⊃~(I · S)

② C⊃I

③ I⊃S

④ C / ∴ ~K

⑤ I　②④ M.P.

⑥ S　③⑤ M.P.

⑦ I · S　⑤⑥ Add.

⑧ ~K　①⑦ M.T.

예5) 만일 북한 주민들이 자유를 누리고 있다면 종교적 자유도 누릴 것이다.

만일 북한주민들이 종교적 자유를 누리고 있다면 교회나 사찰은 파괴되지 않았을 것이다.

그러나 북한의 교회와 사찰은 파괴되어 버렸다.

따라서 북한 주민들은 자유를 누리고 있지 않다.

① P⊃Q

② Q⊃~R

③ R　/ ∴ ~P

④ ~Q　②③ M.T.

⑤ ~P　①④ M.T.

예6) 만일 그 승용차가 고속도로에서 시속 100km 이상 달리고 있었다든가 그 승용차가 중앙성을 넘어섰다면, 그 운전기사는 교통법규를 어긴 것이다.

그 자동차가 중앙선을 넘지 않았다면 그 기사는 추월하지 못하였다.

그 기사는 교통법규를 어기지 않았다.

그러므로 그 기사는 추월하지 않았다.

① (P∨Q)⊃R

② ~Q⊃~S

③ ~R /∴ ~S

④ ~(P∨Q) ①③ M.T.

⑤ ~P · ~Q ④ De M.

⑥ ~Q ⑤ Simp.

⑦ ~S ②⑥ M.P.

예7) 그가 진정으로 건강을 염려한다면 금연해야 할 것이며, 또 진정으로 건강을 염려한다면 금주해야 할 것이다.

그런데 그는 금연하지 못하든가 금주하지 못한다.

그러므로 그가 진정으로 건강을 염려한다고 생각할 수 없다.

① (P⊃Q) · (R⊃S)

② ~Q∨~S /∴ ~P

③ ~P ①② D.D.

예8) 빛이 매질을 통해서만 전달된다면 오직 그때에만 에테르 같은 물질이 인정될 것이다.

에테르 같은 물질을 인정한다면 오직 그럴 경우에만 현대과학의 성과는 무시되어야 할 것이다.

그러므로 현대과학의 성과를 무시한다면 빛은 매질을 통해서만 전달되어야 한다.

① P≡Q

② Q≡R /∴ R⊃P

③ (P⊃Q) · (Q⊃P) ① Eqiv.

④ (Q⊃R) · (R⊃Q) ② Eqiv.

⑤ R⊃Q ④ Simp.

⑥ Q⊃P ③ Simp.

⑦ R⊃P ⑤⑥ H.S.

예9) 만약 법이 좋고 법시행이 엄격하면 범죄가 줄어들 것이다.
만약 엄격한 법시행이 범죄를 줄이면 사회가 명랑해질 것이다.
법이 좋다.
따라서 사회가 명랑해질 것이다.

① (P · Q)⊃R
② (Q⊃R) ⊃S
③ P /∴ S
④ P⊃(Q⊃R)　① Exp.
⑤ P⊃S　②④ H.S.
⑥ S　③⑤ M.P.

예10) 만일 데카르트가 옳다면 신의 존재론적 존재증명은 타당하다.
만일 데카르트가 옳지 않다면 그의 와동설은 타당하지 않다.
데카르트의 원자설이 옳다면 그의 와동설은 타당하다.
신의 존재론적 존재증명은 타당하지 않다.
그러므로 데카르트의 원자론은 옳지 않다.

① P⊃Q
② ~P⊃~R
③ S⊃R
④ ~Q / ∴~S
⑤ ~P　①④ M.T.
⑥ ~R　②⑤ M.P.
⑦ ~S　③⑥ M.T.

3. 조건적 증명

조건적 증명(conditional proof)은 결론이 가언명제 혹은 가언명제로 변형될 수 있는 논증이나 논증형식의 경우에 이용할 수 있는 방법이다. 대입규칙과 추리규칙의 방법으로 타당성을 증명할 있는 논증이더라도 조건적 증명을 사용하면 좀더 간결하게 증명될 수 있으며, 대입규칙과 추리규칙의 방법으로 타당성이 증명될 수 없는 논증도 조건적 증명으로 증명될 수 있다. 이 이유는 다음과 같다.

논증 1)		논증2)
		P
P		Q
————	↔	————
∴Q ⊃R		∴R
↑↓		↑↓
P⊃(Q⊃R)	≡	(P · Q)⊃R

수출원리에 따라 (P · Q)⊃R≡P⊃(Q⊃R)이므로 논증1)을 증명하는 것은 논증2)를 증명하는 것과 같다. 논증1)은 전제가 하나뿐이고 논증2)는 전제 둘이므로 논증1)보다는 논증2)를 증명하는 것이 쉽다. 따라서 논증2) 처럼 결론이 가언인 경우 전건을 전제로 올려서 논증을증명할 수 있다. 여기서 전건에서 전제로 올라가는 명제를 가정된 전제(assumed premise: AP)라고 한다.

예1) 만일 민수가 저녁을 산다면 준호가 팁을 지불하고 만일 민수가 저녁을 사지 않는다면 그들은 집으로 돌아갈 것이다. 그런데 만일 그들이 집으로 돌아간다면 민수가 준호에게 화를 낼 것이다. 따라서 만일 준호가 팁을 지불하지 않는다면 민수가 준호에게 화를 낼 것이다.

① (P⊃Q)·(~P⊃R)
② R⊃S / ∴ ~Q⊃ S
┌ ③ ~Q AP
│ ④ P⊃Q ① Simp.
│ ⑤ ~P⊃R ① Simp.
│ ⑥ ~P ③④ M.T.
│ ⑦ R ⑤⑥ M.P.
│ ⑧ S ②⑦ M.P.
└
⑨ ~Q⊃ S ③~⑧ C.P.

결론이 가언이 아니더라도 가언으로 변형될 수 있는 논증도 조건적 증명을 사용할 수 있다.

예2) 만일 기후가 좋고 관리도 잘했다면 그 해 농사는 풍년이 되었을 것이다.
그런데 그 해 농사는 풍년이 아니었다.
그러므로 기후도 좋았고 동시에 관리도 잘했다는 것은 거짓이다.

① (P · Q)⊃ R
② ~R /∴ ~(P · Q)

위에서 ˜(P · Q)는 ˜P∨ ˜Q와 같고 ˜P∨ ˜Q는 P⊃ ˜Q와 같다. 따라서 다음과 같이 다시 쓸 수 있다.

① (P · Q)⊃ R

② ~R /∴ P⊃~Q

┌ ③ P AP

│ ④ ~(P · Q) ①② M.T.

│ ⑤ ~P∨~Q ④ De M.

│ ⑥ ~Q ③④ D. S.

└

⑦ P⊃~Q ③~⑥ C.P.

15장 귀납논증

1. 귀납이란 무엇인가

1) 귀납추리의 일반적 특징

연역추리의 한계는 우리의 지식을 확장시키지 못한다는 것이다. 반면에 귀납추리의 장점은 결론이 전제의 내용을 넘어선다는 것이다. 귀납추리는 그 결론이 전제의 정보내용을 넘어서는 확장추리이다. 귀납추리의 예를 들어보자.

예) 까마귀1은 검다.
까마귀2는 검다.
까마귀3은 검다.
……
……
―――――――――
모든 까마귀는 검다.

귀납추리는 개별적이고 특수한 관찰이나 예를 통해 좀더 일반화된 명제를 이끌어내는 것이다. 귀납이라는 용어는 아리스토텔레스의 epagoge-특수 실례로부터 일반화로 나아가는 과정-의 라틴어 번역에서 비롯되었다. 그것은 더욱더 넓은 범위로 점차 확장되어 마침내 전제들이 결론을 위해 좋은 지지이유들이 있는 사례를 정말로 구성하지만 논리적 연역의 증명적 힘을 가지고서 결론을 산출하지는 못하는 모든 비증명적 논증을 포함한다.

2) 귀납추리의 한계

이미 알고 있는 사실로부터 알고 있지 않은 사실을 유도해내기 때문에 귀납추리는 귀납적 비약을 행한다. 이러한 점을 구체적으로 지적한 철학자는 흄(D.Hume)이다. 그는 귀납부정론의 입장에 선다. 귀납추리는 연역추리와는 다르게 개연적으로 참이다.

2. 일반화와 유추

일반화는 귀납추리의 가장 단순한 형태이다. 일반화는 보통 '모든 A는 B이다'라는 형태를 취한다. 한 표본을 중심으로 하여 그 표본이 속하는 전체에 대하여 결론을 내리는 추론형태이다. 그러나 '모든'이라는 낱말을 사용한 모든 문장이 일반화에 의하여 추론된 문장은 아니다. 가령 내가 책의 전페이지를 보고 나서 "이 책에 있는 모든 인쇄된 글자는 검다"고 말했다면 이 문장이 일반화한 것이라고 보기는 어렵다. 단지, 이 문장은 내가 본 것을 묘사한 것일 뿐이다.

1) 일반화의 형태

일반화는 표본집단의 구성원의 수에 따라 균일적 일반화와 통계적 일반화로 나뉜다. 균일적 일반화는 "모든 인간은 죽는다"와 "물은 0 ℃에서 언다" 처럼 전 성원이 가지고 있는 특징을 진술하는 경우이다. 균일적 일반화는 표본추출된 까마귀들이 모두 검다는 사실로부터 미래의 까마귀까지 포함하여 모든 까마귀는 검다고 추론한다.

통계적 일반화는 비록 그 표본에서 일반화하고 있지만 어떤 특징을 전 구성원이 가지는 것이 아니라 일부가 가지고 있음을 추론하는 경우이다. 예를 들어 3000명의 투표자를 표본추출하여 다음 선거의 결과를 예측한다고 해 보자. 그 표본 집단의 투표 결과 1650 명은 A 후보를, 750 명은 B 후보를, 600명은 C 후보를 지지한 것으로 나타났다. 이 표본은 각각 55%, 25%, 20%의 비율로 나타났으며, 우리는 이것을 일반화하여 모든 투표자의 55%는 A 후보를 지지한 것이라고 결론을 내리는 경우, 그것은 통계적 일반화가 된다.

통계적 일반화가 보다 정확하기 위해서는 그 표본을 분류하는 사람의 자의성이 배제되어야 한다. 첫째로, 대표적이지 않은 표본이나 대표적인 표본이 되기에 적절하지 않은 표본을 근거로 해서 일반화할 때 빚어지는 오류가 편향통계의 오류이다. 둘째로, 귀납적 일반화를 보증할 정도의 충분한 자료를 모으기에 앞서 졸속으로 일반화하려 할 때 빚어지는 오류가 불충분 통계량의 오류이다.

2) 신뢰할 수 있는 일반화

일반화는 그 표본이 성원으로 속해 있는 모든 계층이 그 표본처럼 나타난다는 것을 전제로 한다. 여기서 수행되는 추론은 아는 것에서 모르는 것으로의 일종의 비약을 포함한다. 그러므로 “어떻게 그 표본을 신뢰할 수 있는가?”라는 물음은 “전 구성원이 표본 처럼 나타난다고 어떻게 장담할 수 있으며 또 그 표본이 전체를 대표한다고 할 수 있는가?”라는 물음과도 같다. 일반화를 신뢰할 수 있는가를 결정하는데 도움되는 규칙이 있다.

첫째, 다른 조건이 같다는 전제 하에서 그 표본이 크면 클수록 일반화는 신뢰할만하다. 둘째, 표본은 무작위로 추출되어야 한다. 전 구성원은 표본에 속하게 될 기회를 똑같이 가져야 되는 것이다. 이 규칙을 위반한 표본은 편향된 표본이 되는 것이다.

3) 유추(Analogy)

유추는 가장 폭넓게 사용되는 귀납논증의 형식이다. 유추는 두 개의 상이한 대상을 비교함으로서 어떤 결론을 이끌어 내는 방법이다. 유추의 방법에 의해 우리는 하나의 대상이 몇 가지 점에서 다른 대상과 유사하기 때문에 다른 점에서도 유사할 것이라고 추론하게 된다. 이를 다음과 같이 도식화할 수 있다.

X는 a, b, c, d, e를 가진다.
Y는 a, b, c, d를 가진다.

그러므로 Y는 아마 e도 가질 것이다.

흰쥐와 사람이 생리적인 면에서 공통되는 성질을 갖고 있다. 그리고 새로운 약품으로 개발할 물질의 부작용을 유추에 의해 추리한다고 하자.

X는 a, b, c 등의 성질을 갖고 있다.
Y는 a, b, c 등의 성질을 갖고 있다.
그런데 X에게 성질 F가 있음이 발견된다.

그러므로 Y에게도 성질 F가 있음이 발견될 것이다.

유비추리의 타당성 여부는 비교되는 대상 사이의 유사성에 달려 있다. 그 유사성은 비교되는 대상들의 본질적이고도 적절한 유사점들에 바탕을 두어야 한다. 비교되는 두 대상 사이에 적절한 유사성이 없음에도 유비추리에 의해 결론을 이끌어 내면, 그것은 개연성이 없고 타당한 것이 못된다.

3. 밀의 귀납법

밀(J. S. Mill)은 인과관계의 규정에 관한 문제에 체계적인 답을 제시한 사람으로 유명하다. 그가 제시하고 있는 귀납법의 공리에는 다음의 다섯 가지 종류가 있다.

1) 일치법(the method of agreement)

만일 연구하고자 하는 현상의 둘 또는 그 이상의 사례들이 단 하나의 사정만을 공유한다면, 그 사례들에서 일치하는 하나의 사정은 주어진 현상의 원인(또는 결과)이다. 다음의 예는 일치법의 형식이다.

A, B, C가 함께 작용할 때 X가. 나타난다.
A, D, E가 함께 작용할 때 X가 나타난다.
∴ A가 X의 원인이다.

속초에 함께 놀러간 동창생 3명이 회집에서 회를 먹고 식중독에 걸렸다고 하자. 회의 종류는 여러 가지였다. 이 때 어떤 회가 식중독의 원인인지를 밝히기 위해, 회집에서 제공한 어물들과 학생들이 섭취한 어물들을 나열하고 비교하기 위해서 기호를 붙여 보자.

<제공한 어물>
광 어 : A
도다리 : B
오징어 : C
해 삼 : D
멍 개 : E
새 우 : F

<사례>	<섭취한 어물>	<현상>
1	ABD	식중독
2	BCE	식중독
3	ABF	식중독

식중독에 걸린 3명의 동창생들이 공통적으로 먹은 어물은 도다리(B)이므로 도다리가 식중독의 원인이라고 밝혀낼 수 있다.

2) 차이법(the method of difference)

어떤 현상이 일어나는 사례와 일어나지 않는 사례를 비교해 보았을 때, 한 가지 사정을 제외하고는 모든 사정을 같이 공유하는 경우, 두 사례의 유일한 차이인 그 한 가지 사정은 현상의 불가결한 원인 또는 결과이다. 그리고 이와 같이 차이를 지적함으로써 인과관계를 추리하는 방법이 차이법이다. 그런데 차이법은 일치법의 단점을 보충하기 위하여 일치법과 병행하여 사용하는 것이 좋다. 단지 차이법만으로 인과관계를 규명하기는 어렵다. 왜냐하면 차이법은 인과관계의 불가결한 한 부분을 밝히는 것으로 그칠 수 있기 때문이다. 그리고 오직 한 가지 사정만이 다른 두 사례를 발견하기도 쉽지 않다. 차이법은 다음과 같은 형태로 나타낼 수 있다.

A,B,C,D가 함께 작용했을 때 X가 나타난다.
B,C,D만이 작용했을 때 X가 나타나지 않는다.
∴A가 X의 원인이다.

일치법을 살펴본 예에서 식중독에 걸린 사람은 도다리를 먹었다. 그런데 정말 도다리가 식중독의 원인인가를 더욱 확실히 밝히기 위해, 그날 그 식당에서 다른 어물을 먹었으되 도다리를 먹지 않은 사람은 식중독에 걸리지 않았는지 확인해 보면 더욱 좋을 것이다.

3) 일치차이병용법(the joint method of agreement and differnce)

앞에서 살펴본 일치법과 차이법을 병행하는 방법이 일치/차이 병용법이다. 일치법을 사용하였을 때 식중독의 원인이 도다리일 것이라는 점이 밝혀졌으나, 도다리 외에 원인이 여러 가지일 수도 있으므로 도다리만이 식중독의 유일한 원인이라는 주장을 강력히 내세울 수 없다는 것이 일치법의 한계이다. 그러나 일치/차이 병용법에 있어서는 도다리를 먹은 사람은 식중독에 걸렸으나 도다리를 먹지 않은 사람은 식중독에 걸리지 않았다는 사실을 동시에 드러내 보이게 하여, 도다리와 식중독 사이에는 인과관계가 성립함을 보다 명확히 할 수 있다.

그러나 일치/차이 병용법을 사용하는데도 한계가 있다. 즉 일치/차이 병용법을 사용할 수 있는 경우는 일치법에 있어서 여러 사례들이 공유하는 사정이 단 한 가지뿐이며, 차이법에 있어서 비교되는 사례들이 공유하지 않는 사정이 단 한 가지뿐인 경우이다. 이것이 여러 가지인 경우는 정확한 인과관계 규정이 어려워진다.

4) 잔여법(잉여법,the method of residues)

"어떤 현상에서 이전의 일반화에 의하여 어떤 전제들의 결과라고 알려진 부분을 제외시키면, 그 현상의 나머지 부분이 남아있는 전제의 결과이다." 잔여법을 정식화하면 다음과 같다.

ABC--------abc
B는 b의 원인으로 알려졌다.
C는 c의 원인으로 알려졌다.

그러므로 A는 a의 원인이다.

5) 공변법(the method of concomitant variation)

공변법은 원인과 결과를 인위적으로 따로 떼어 살펴볼 수 없는 경우에 원인이 변화하면 결과도 변화한다는 것을 관찰하여 그 인과관계를 분명히 하는 방법이다. 이 때 원인과 결과 사이에는 비례 또는 반비례의 관계가 있음이 관찰될 것이다.

예를 들면 기온이 0℃에서 10℃상승하면 온도계의 눈금도 0℃에서 10℃로 변화하여 나타나고, 다시 기온이 10℃에서 20℃로 상승하면 온도계의 눈금도 10℃에서 20℃로 변화하여 나타난다. 이 예를 통해서 우리는 온도의 변화와 온도계의 눈금의 변화 사이에는 어떤 인과관계가 형성되어 있음을 알 수 있다.

4. 귀납의 정당화

1) 논리적 정당화

논리적으로 타당한 논증은 만일 그 논증의 전제가 참이라면 그 결론도 참이어야 한다는 사실에 의해 특징지어질 수 있다. 연역 논증은 이러한 특징을 갖고 있다. 만일 귀납논증이 이러한 특징을 갖고 있다면 귀납의 원리는 정당화될 수 있다. 그러나 귀납논증은 그렇지 않다. 귀납논증은 논리적으로 타당한 논증이 아니다. 귀납추리의 전제가 참이더라도 결론은 필연적으로 참일 수 없다.

2) 경험적 정당화

귀납적 논증이 과거에 매우 성공적이었으므로 귀납이 정당화될 수 있다는 주장을 할 수 있다. 그러나 이 주장은 선결문제 미해결의 오류를 범하고 있다.

귀납 논증에 의해 높은 귀납적 확률을 지닌다고 판단된 논증은 과거에 거의 언제나 옳은 전제로부터 옳은 결론을 제시했었다.

이런 논증은 과거, 현재, 미래에 거의 언제나 옳은 전제로부터 옳은 결론을 제시 할 것이다.

귀납의 원리는 x1이라는 경우에 성공적으로 작용했다.
귀납의 원리는 x2이라는 경우에 성공적으로 작용했다.

귀납의 원리는 항상 작용한다.

3) 자연의 제일성(Uniformity of Nature)

나는 살코기를 여러 번 먹었는데 한번도 식중독에 걸리지 않았다.

그러므로 오늘 먹는 살코기도 식중독을 일으키지 않을 것이다.

이와 같이 우리는 자연이 제일하다거나 또는 때때로 주장되는 것 처럼 공간과 시간의 전 영역을 통해서 원인이 같으면 결과도 같다는 가정에 기초하여 귀납적 결론을 정당화할 수 있다. 다시 말하면 귀납체계는 자연은 제일하다는 가정을 기초로 하여 정당화할 수 있다는 것이다. 그러나 자연의 제일성 원리에 대한 정확한 정의를 제시하는 일이 매우 어렵다는 것이다. 특히 중요한 점은 자연이 모든 면에서 단순히 제일하지 않으며 미래가 모든 면에서 과거와 같지 않다는 점이다. 미래는 과거와 같을 수 있지만 모든 면에서 그런 것은 아니다. 게다가 우리는 미래가 과거와 어떤 면에서 어느 정도 같은가를 미리 알지 못한다.

5. 귀납과 확률

인간은 미래를 알고 싶어 하지만 확실하게 알지 못한다. 그리하여 인간들은 미래를 알아보려고 여러 방면에서 무척 많은 노력을 해 왔으며 앞으로도 이러한 노력은 계속 될 것이다. 우리가 미래를 예측함에 있어 운명론이나 예감에만 호소하지 않고 어떤 근거있는 추리를 해야 할 것이다. 이러한 추리가 귀납추리이며 그것은 개연성을 말할 뿐이다. 그러면 개연적인 확률적 지식은 무엇인가? "내일 대전 지방에 비가 올 확률은 60%이다."라고 했을 때 우리는 내일 대전 지방에 비가 올 것을 아는가 모르는가?

확률의 의미는 수학적 확률에서 가장 분명하다. 주사위를 던져서 어떤 수의 눈이 나올 사건의 확률과 같은 것은 수학적 확률의 의미를 밝히는데 즐겨 사용되어 왔다. 주사위의 경우 일어날 수 있는 사건은 '1의 눈'에서부터 '6의 눈'까지 여섯 개이므로, 전체 사건은 여섯 개의 사건을 원소로 가지고 있는 집합이라고 할 수 있다. 우리가 알고자 하는 사건 A의 수학적 확률 P(A)는 사건 A에 귀속된 사건의 수를 전체 사건에 귀속된 사건의 수로 나누어 구한다. 가령 3의 눈이 나오는 수학적 확률을 구하고자 한다면 다음과 같다.

$$P(3\text{의 눈}) = \frac{3\text{의 눈에 귀속된 사건의 수}}{\text{전체 사건에 귀속된 사건의 수}} = \frac{1}{6}$$

그런데 우리가 수학적 확률을 말할 때는 언제나 암암리에 각 사건들이 같은 정도로 일어난다는 논리적 가정을 경험에 앞서 해야 하므로, 수학적 확률은 '논리적 확률'이라고도 한다. 수학적 확률이 어떤 전제를 기반으로 하는 확률이지만, 실제 시행횟수를 기반으로 하는 통계적 확률은 경험적이다. 그러므로 우리가 자연현상이나 사회현상에 대해 실제적인 예측을 하기 위해서는 그 현상들에 대한 관찰이나 실험 또는 조사로부터 얻은 통계적 확률을 활용해야 한다.

6. 귀납의 실용적 정당화

귀납추리는 경험적으로나 이론적으로나 그 근거를 확보하기가 매우 어렵다. 그러나 귀납과 확률의 문제는 실천이라는 차원에서는 정당성을 가질 수 있다. 귀납의 실용적 정당화는 파이글(H. Feigle)과 라이헨바하(H. Reichenbach), 레셔(N. Rescher)에 의해 정교하게 다듬어졌다. 레셔는 도구적 정당화 개념을 사용한다. 이런 정당화는 귀납을 목표지향적 활동, 즉 실천의 운용방법으로 규정하여 목적에 도움된다는 것을 밝힌다. 도구는 수단으로서의 행위자의 특정 목적에 도움이 되면 충분하다. 그러므로 도구적 정당화는 방법, 절차, 등등을 포함한 수단과 관련하여 자연스럽고 적합하게 이루어진다. 도구적 정당화는 실용주의자들에 의해 제안되었다.

7. 귀납에 대한 대안

귀납법이 갖고 있는 난점에 직면하여 아주 다른 개념으로 과학을 생각하는 것이 좋을 것이다. 귀납적 방법과 귀납적 증명이 안고 있는 문제를 동시에 해결할 수 있는 새로운 출발점을 제공한 철학자는 포퍼이다. 포퍼는 가설 연역적 방법에 기초한 과학 개념을 제시하였다. 포퍼의 과학자 상에 의하면 과학자는 케플러와 뉴턴과 같이 대담하고 포괄적인 이론을 생산하기 위하여 자유롭고 창조적으로 그의 상상력을 이용한다. 그리고 이러한 이론이 생성되면 세계의 존재방식에 의해 그 이론은 가능한 한 엄격하게 테스트되고 결함이 발견되면 그 이론은 폐기된다.

과학자 공동체는 가장 이상적인 열린 사회이며 이 사회 안에서는 모든 사람이 아이디어와 이론을 제안할 수 있고 누구나 그것을 비판할 수 있다. 인간의 모든 탐구에 내재되어 있는 무지와 불확실성에 비추어 본다면 이론을 증명하려는 시도는 반증하려는 시도로 대치되어야 하며, 전제들이 과학적인 연구에서 제거될 수 있다는 귀납주의적인 희망은 과학적 연구에서 창조적인 직관이 갖는 역할을 충분히 알게 됨으로써 포기된다.

포퍼에 의하면 우리는 이론을 증명할 수 없지만 이론을 반증할 수 있다. 그러므로 우리가 과학에서 해야만 할 일은 우리의 이론을 지지하는 경험적인 증거를 수집함으로써 이론을 증명하려는 무익한 노력을 기울일 것이 아니라, 이론을 반증하려고 노력해야 한다.

한 이론이 아주 잘 테스트될 수 있고 그 테스트를 통과하면 그 이론은 잘 확인된 이론이다. 한 이론의 테스트 가능성은 그 이론이 가지고 있는 테스트 가능한 예측을 산출할 수 있는 능력, 경험적인 내용의 정도와 관련이 있다. 포퍼는 명백히 확인의 정도를 적극적인 확증의 정도로 사용하고 있다.

우리는 방법론에서 귀납적인 논증의 흔적을 완전히 제거할 수 있겠는가? 귀납적인 흔적을 완전히 제거한다는 것은 포퍼에게 있어서 대단히 중요하다. 포퍼주의자들이 고려해야 할 첫 번째 중요한 문제는 귀납추리 없이 엄격한 테스트를 실제로 말할 수 있는가 하는 것이다. 엄격한 테스트라는 개념을 귀납적이 아닌 방식으로 자세하게 설명하는 것은 어려울 뿐만 아니라 포퍼의 과학철학은 이전에 잘 확인된 이론을 받아들여야 할 적절한 이유를 제시하지 못하고 있다.

진정한 포퍼주의자들이 생각하는 과학의 목적은 자연에 대해 참인 보편적인 지식을 획득하는 것이다. 포퍼가 말하는 가장 좋은 이론이란 가장 많은 설명력과 내용을 가진 이론, 단순성과 가장 높은 이론, 가장 덜 애드호크한(미봉적) 이론을 말한다. 또한 가장 좋은 이론이 항상 가장 잘 테스트된 이론일 필요는 없다.

우리를 둘러싼 환경에 어떤 규칙성이 실제로 존재한다면 우리는 스스로 어떻게 그것의 발견에 착수할 수 있는지를 물을 수 있다. 우리는 자연스럽게 어떤 경향성과 원초적인 이론에서 출발할 수밖에 없다. 그곳에 나타난 규칙성은 상상력으로 만들어 낸 허구는 아니다. 그 규칙성은 시간의 흐름 속에서 살아 남아 있으며 그 규칙성의 기초에 대한 일반화는 적어도 여러 세대들의 생존을 방해하지는 않았다. 만일 우리의 환경이 급격하게 변하지 않는다면 우리는 그것들을 하나의 출발점으로 받아들일 충분한 이유를 가지고 있다.

많은 사람들에게 과학은 일차적으로 세계의 실제적 규칙성뿐만 아니라 아직까지 발생하지는 않았지만 주변에서 발생할 수 있는 사건을 결정하는 사물의 본질과 물리적 또는 인과적 필연성에 대한 발견이다. 강한 관점에 있어서 과학은 물리적 세계의 규칙성에 관한 것이지만 적어도 세계의 규칙성 가운데 어떤 규칙성은 세계의 심층적인 규칙성을 지시하거나 세계의 본질을 지시하거나 그런 규칙성이 발생하도록 하는 것이나, 주변에서 실제로 발생하지는 않았지만 잠재적으로 발생할 수 있는 어떤 것을 지시하는 것으로 간주될 수 있다. 과학은 우연적이지 않고 본질적인 자연의 규칙성을 다룬다. 우리가 이론을 단순히 자연에 존재하는 포괄적인 규칙성의 드러남으로 여기든 그 규칙성을 세계의 심층구조의 드러남으로 여기든 관계없이, 승인가능성이 가장 높은 이론은 우리의 현재 지식에 기초해 있지만 현재의 지식을 의미있게 넘어설 수 있도록 해주는 그러한 이론이다. 왜냐하면 그런 이론에 의해 우리는 자연 속에 존재하는 넓은 범위를 포괄하는 규칙성으로 밝혀낼 수 있다는 희망을 가질 수도 있기 때문이다. 그리고 우리는 오직 자연에 퍼져 있는 규칙성의 기초 위에서 자연적인 필연성과 사물의 본질을 알 수 있다는 희망을 가질 수도 있다.

16장 비단조논리

1. 비단조논리의 특징

연역 논리는 추리가 진행되고 지식이 부가됨에 따라 정보를 버리거나 신념을 변경하는 메카니즘을 갖고 있지 않다. 연역논리의 이러한 측면을 단조적(monotonic)이라 말한다. 비단조 논리(nonmonotonic logic)[1]에서는 사용가능한 정보에 기초하여 추리를 진행하지만 새로운 정보가 첨가될 때 그 추리는 제거되고 새로운 추리가 진행될 수 있다.[2] 비단조 논리는 근거가 불완전하거나 완전한 정보획득이 불가능한 상황에서 이용될 수 있는 추리양식이다.

Minsky는 연역논리가 상식적 추리를 표현하기에는 부적절하다고 주장하면서 "Nonmonotonic"이라는 용어를 1975년 처음 사용하였다.[3] 우리의 상식적인 추리는 예외적일 수 있는 일반적인 규칙을 사용하는 능력에 깊이 의존하고 있다. 일상생활에서 내리는 의사결정 중에 완전한 확실성을 갖고 있는 것은 없지만, 불확실성에도 불구하고 계속 행위하기 위해 우리는 의사결정을 내리지 않을 수 없다.

인공지능 연구자들은 상황에 대해 완전하고 정확한 지식이 없는 가운데에서 합리적으로 행위하는 능력을 매우 중요시하였다[4]. 상식적인 추리에서 우리는 지지하는 증거의 존재와 모순되는 증거의 부재에 기초하여 가정을 세운다. 전통 논리는 지식의 부재를 고려하는 수단을 갖추고 있지 않기 때문에 이런 형식의 추리와 필적할 수 없다. 비단조 논리는 전통적인 1차 술어 논리에 구체적인 지식의 부재에 기초하여 결론을 내리는 메카니즘을 보충하였다.

많은 경우 우리의 추리는 불완전한 정보에 기초하여 결론을 내린다. 그 정보가 참이더라도 그 결론은 참이 아닐 수 있다. 트위티(Tweety) 예를 보자.

① 새들은 난다.
트위티는 새이다.

그러므로 트위티는 난다.

①은 삼단논법의 표준적인 예이다. 실제로 대부분의 새들은 날기 때문에 트위티가 새라면 트위티는 난다고 결론내릴 수 있다. 그러나 이 결론은 거짓일 수 있다. 왜냐하면 트위티는 타조나 펭귄 또는 날개가 부러진 새일 수 있기 때문이다. 그러나 전형적으로 새들은 난다. 트위티가 비전형적인 새라는 증거가 없는 한, ①의 두 전제로부터 결론을 이끌어 내는 것은 타당하다. 그런데 ①에서 트위티가 난다는 결론은 트위티가 비전형적이라는 정보가 없다는 점에 기초할 때 가능하다. 다시 말하면 반대되는 정보가 없을 때 트위티가 난다는 결론이 타당하게 된다. 그리고 트위티에 대한 새로운 정보를 알게 될 때 트위티가 난다는 결론은 융통성있게 변경될 필요가 있다. 이러한 추리를 비단조적이라 말한다. 일단 불충분한 정보에 기초하여 결론을 내리지만 새로운 사실이 알려질 경우 이전에 내렸던 결론을 이후에 철회해야 한다[5].

우리의 행위는 일정한 지식과 정보에 기초하여 이루어진다. 일상생활에서 우리가 접하는 상황은 대부분 불확실한 상황이다. 능력의 한계와 시공간적인 제약과 실수 등으로 인하여 우리는 불완전한 정보와 지식에 기초하여 행위할 수밖에 없다. 일정한 결론과 신념에 기초하여 행위할 때 그 결론과 신념이 변경될 수 있는 가능성을 염두에 두고 행위하는 것이 바람직하다. 만일 우리의 결론과 신념이 변경불가능하며 완전하다는 가정하에 행위한다면 대부분의 행위는 실패하여 목적한 바를 실현시키지 못할 것이다. 우리는 일정한 결론을 이끌어 내고 그 결론에 기초하여 행위하지만 새로운 증거가 나타날 경우 그 결론을 철회할 수 있다. 이것은 인간지능의 특성이 융통성(flexibility)이라는 점과 관련이 있다.[6)]

비단조 논리의 특성은 무엇인가? 첫째, 비단조 논리는 불완전한 정보에 기초하여 결론을 내리며 새로운 정보가 개입하면 그 결론을 수정한다. 그러나 연역논리에는 새로운 정보 때문에 결론을 수정하는 메카니즘이 없다. 연역 논리학자들은 추론의 형식을 연구하지만 불충분한 정보로부터 추론하는 문제를 다루지 못한다. 인공지능 연구자들은 새로운 정보가 계속하여 유입하는 상황에 직면한다. 따라서 그들은 새로운 정보와 기존 정보가 모순을 야기하여 새로운 정보가 기존 신념을 수정하는 상황에도 직면한다. T. L. Rankin은 성냥갑의 예를 든다.[7)] 가령 성냥갑을 그었다면 우리는 전형적으로 그 성냥이 불이 붙어 탄다고 결론내릴 것이다. 그러나 문제의 성냥갑이 젖었다고 들으면 우리는 그 결론을 수정하고 그 성냥은 불이 붙지 않을 것이라고 결론내릴 것이다. 그러나 그 성냥갑이 젖었지만 파라핀을 입혔다고 들으면 대부분의 사람들은 그 성냥이 불이 붙어 탄다고 결론내릴 것이다. 물론 성냥갑이 그어졌지만 산소가 없다면 또다른 수정이 요구된다. 이처럼 사람들이 불완전한 정보에 기초하여 결론을 내리지만 더 좋은 정보가 부가되면 그 결론을 수정하는 것이 비단조 논리의 특성이다.

둘째, 비단조 논리는 전형성(typicality)에 기초한 추리이다. 새를 판단하는 경우 “전형적으로 새는 난다”는 사실에 기초하여 어떤 것이 새라면 그것은 난다고 결론내린다.[8] 그런 결론은 그 새가 전형적인 새라는 사실, 즉 그 새가 비전형적이지 않다는 사실에 기초하여 내려진 판단이다. 그 결론은 잠정적인 결론이다. 따라서 그 새가 전형적인 새가 아니라고 판명나면 그 결론은 수정된다. 그 결론은 반대되는 정보가 없는 한에서 타당하고 반대되는 정보가 나오면 결론은 수정되므로 그 추리는 비단조적이다.

의사들이 진단을 내리는 경우 전형성에 기초하여 진단을 내린다. 의사들은 건강한 사람이라면 전형적으로 신체가 어떤 상태를 유지한다는 것을 알고 있다. 환자가 전형적인 신체상태를 갖지 않는 경우 징후에 따라 병의 진단을 내린다. 가령 의사들은 환자에게 잘 먹느냐 또는 대소변을 잘 보느냐고 묻는다. 건강한 사람이라면 전형적으로 잘 먹고 대소변을 잘 볼 것이기 때문이다. 한의사들도 전형성에 기초하여 진단을 내린다. 가령 환자의 얼굴이 보통 이상으로 검을 경우 간의 이상을 진단하며, 환자의 얼굴이 보통 이상으로 흰 경우 폐의 이상을 진단하며 환자의 얼굴이 보통 이상으로 붉을 경우 심장의 이상을 진단한다. 그러나 그런 진단이 반드시 적중하지는 않는다. 다른 이유 때문에 환자의 얼굴이 검거나 붉거나 희게 될 수 있기 때문이다.

실제로 우리의 상식은 전형성에 기초한 추리를 하고 있으며 비단조 논리는 그것을 잘 반영하고 있다. 이 경우 전형성은 이제까지 타당하다고 인정되어 온 것이며 검증된 것이어서 신뢰할 수 있는 것이다. 따라서 전형성에 기초한 추리는 많은 경우 성공을 가져다 준다. 마치 바둑에서 정석(定石)을 믿고 바둑을 두면 대부분의 경우 좋은 결과를 가져다 주는 것과 같다고 할 수 있다.

셋째, 비단조 논리는 진리보존적인 논리가 아니다. 비단조 논리에서는 한 시점에 참인 것이 계속해서 참이라고 가정하지 않는다. 그런 의미에서 비단조 논리는 시간-의존적인 논리(time-dependent logic)로 간주된다.9) 위에서 지적한 바대로 비단조 논리는 새로운 정보가 도입되어 기존의 결론이 수정될 수 있는 논리 체계이다. 이 때 새로운 정보의 도입이나 유입은 시간이 흘러감에 따라 진행되는 절차이다. 즉, 한 시점에 주어진 정보는 다음 시점에 증가할 수 있고 시간이 흐르면 다시 부가될 수 있다. 뿐만 아니라 한 시점에 일정하게 알고 있던 정보는 다른 시점에 잘못된 정보로 판명날 수 있다.

비단조 논리가 시간-의존적인 논리라는 것은 여러 가지 측면에서 생각할 수 있다. 한 시점에 알려진 정보나 지식이 잘못일 수 있는 가능성도 있고 한 시점에 알려진 정보나 지식이 정확하지만 다른 시점에서 거짓으로 알려질 수 있는 가능성도 있다. 실제로 우리는 수많은 정보에 둘러 쌓여 있으며 정보를 수집하는 우리의 능력도 제한되어 있다. 따라서 일정한 신념이나 지식을 시간이 지남에 따라 유지하려는 자세보다는 시간이 지남에 따라 효과적으로 수정하려는 자세가 바람직하다.

그렇다면 고전 논리로는 불충분하고 비단조 논리가 필요한 이유는 무엇인가? 이에 대해 Reiter는 두 가지 이유를 제시한다. 첫째, 다음과 같은 공리를 가지고 난다(fly)는 것에 대한 모든 예외를 다음과 같이 열거한다고 하더라도,

$$(\forall x)Bird(x)\ \&\ \neg Emu(x)\ \&\ \neg Dead(x)\ \&.......\supset Fly(x)$$

단지 Bird(Tweety)로부터 Fly(Tweety)를 도출할 수 없다. 왜냐하면 Tweety는 Emu가 아니고 Tweety는 죽지 않았고 등이 주어지지 않았기 때문이다. 이 경우 조건언의 전건이 도출될 수 없으며 따라서 조건언의 후건이 도출될 수 없기 때문이다.

둘째, 고전 논리는 단조성이라는 공통적인 성질을 갖고 있다. 이것은 다음과 같은 것을 의미한다. T가 고전 논리에서 문장 집합이며 w가 문장일 때마다 일련의 문장 집합 N에 대해 T⊨w는 T∨N⊨w를 함축한다. 다시 말하면 새로운 정보 N은 이전의 결론 w를 보전한다. default 논리[10]가 고전 논리로 표현되고 T는 Tweety는 난다를 함축하는 공리 T⊨Fly(Tweety) 라고 해보자. 그러나 이후에 Tweety가 타조라는 것을 알았다면 우리는 확장된 공리 집합이 Tweety는 난다를 함축하지 않기를 원한다. 즉 우리는 다음과 같은 것을 원한다.

$$T \vee \{Ostrich(Tweety)\} \not\models Fly(Tweety)$$

이것은 고전 논리에서는 불가능하다. default논리를 형식화하는 논리적 메카니즘이 무엇이든 그것은 비단조적이어야 한다고 Reiter는 주장한다.[11] 즉 그 결론은 철회가능해야 한다.

2. 비단조논리의 사용사례

비단조 논리는 어떻게 사용되는가? McCarchy는 몇 가지 경우를 다음과 같이 제시하고 있다.[12] 첫째, 비단조 논리는 의사소통의 규약으로 사용된다. 가령 A가 B에게 새를 포함하는 상황을 말해준다고 해보자. 그 새가 날 수 없으며 그것이 사실이라면 A는 그 사실을 B에게 말해주어야 한다. 반면에 그 새가 날 수 있다면 그 사실을 말할 필요가 없다. 왜냐하면 새가 날 수 있다는 것은 당연한 것이기 때문이다. 내가 나의 친구를 고용하여 그 친구에게 새장을 만들어 줄 것을 부탁하였는데 그 친구가 새장의 천장을 만들지 않았다면, 내가 그 새가 날 수 있다는 것을 말하지 않았더라도 나는 비용을 지불하지 않아도 된다. 그러나 내가 펭귄용으로 생각한 새장에 나의 친구가 새장의 천장을 만들다가 낭비된 비용에 대해 내가 불평한다면, 새장에 넣을 새가 날 수 없다는 것을 말했어야 한다는 나의 친구의 말은 옳다. 이것은 일상 생활에서 의사소통의 관례 또는 규약(communication convention)을 보여주는 예이다. 이러한 규약은 단조 논리로는 표현할 수 없다.

우리는 일상생활에서 수많은 문제에 직면한다. 그런데 우리가 직면한 문제상황을 정확하게 표현하기는 불가능하다. 이 경우 지식의 부가가 필요한데 그것은 비단조논리적인 부가이어야 한다. McCarthy는 비단조 추리가 필요한 이유를 설명하기 위해 선교사와 식인종 예를 사용하였다.13)

> 세 사람의 선교사와 세 명의 식인종이 강가에 있다. 두 사람이 탈 수 있는 노를 젓는 보트가 있다. 강가 어느 쪽에든 식인종이 선교사보다 많으면 선교사는 잡아먹힐 것이다. 그들은 어떻게 강을 건널 것인가?

이 문제에 접한 사람들은 보트를 저어서 모두 무사하게 강을 건너게 하고 불행을 피하는 전략을 고안하려고 할 것이다. 그런데 어떤 사람에게 문제를 주었는데 그가 잠시 생각한 후에 강 위로 1 마일 올라가서 다리를 건너간다는 제안을 하였다고 해보자. 이에 대해 나는 다음과 같이 말할 것이다. “무슨 다리냐? 그 문제의 표현에는 다리가 언급되지 않았다.” 그러나 그 바보는 “너는 다리가 없다고 말하지 않았다.”라고 대답할 것이다. 이에 대해 다리가 없다고 말하지 않은 것을 인정하고, 나는 다리가 배제하도록 문제를 수정한다. 그 바보에게 그 문제를 다시 주었다. 그는 헬리콥터를 제안한다. 헬리콥터를 배제하였더니 이번에는 그가 날개 달린 말을 제안한다.

그가 정상적인 자세로 그 문제를 풀도록 만드는 것에 지쳐서 나는 그에게 해결책을 알려 주었다. 이에 대해 그는 그 보트에 물이 세거나 노가 없을 수 있다는 이유로 나의 해결책을 공격한다. 나는 다시 문제의 표현에 생략된 부분을 보충하지만, 그는 바다 공룡이 강을 헤엄치거나 보트를 삼킬 수 있다는 지적을 한다. 나는 이제 그가 꼼짝 못하는 추리 양식을 찾는다. 아무리 그 바보에 대해 분노하더라도 보트를 이용하지 않고 강을 건너는 방법은 없으며 그 보트에는 이상이 없다고 그 문제를 표현하는 것은 문제를 지나치게 규정하는 것이다.

문제 해결에 직면한 관찰자에게 어떤 정보가 유용하며 그 정보로부터 어떤 결론을 이끌어 내는가하는 문제는 인식론적으로 매우 중요하다.[14] 여기에서 McCarthy의 관심은 추리의 정확성이다. 그런데 인간의 모든 추리가 형식논리로 담겨질 수 있는 것은 아니다. 문제의 표현은 많은 것을 생략하고 있다. 여기에서 우리가 상식을 동원해야 한다는 것을 McCarthy는 지적하고 있다. 위의 문제에서 보트에 이상이 없으며 보트 사용을 방해하는 그 외의 다른 것이 없다면 강을 건너기 위해 보트가 사용될 수 있다는 것은 상식적 지식의 일부분이다.[15] 따라서 노가 없을 수 있는 가능성은 강을 건너기 위해 보트가 사용될 수 있다는 사실에 의해 배제된다.

우리가 보트 등에 대한 상식적 사실과 문제의 진술을 고찰해 보면 다리나 헬리콥터가 없다고 결론내릴 수 있다. 다리가 있느냐 없느냐하는 문제는 논리의 문제가 아니라 사실의 문제이다. 만일 편리한 다리가 있고 그 다리가 형식적인 문제 표현에 포함되지 않았다면 그 문제 표현은 문제에 대한 정확한 기술이 아니다. 문제를 정확하게 표현하기 위해, 다리가 없으며 헬리콥터가 없다는 식으로 없는 모든 것들을 명제로 표현할 필요는 없다고 Simon은 말한다.[16] 우리는 우리가 직면한 상황에서 그 상황에서 참인 것을 명확하게 진술하고 그 상황에서 참이 아닌 것에 대한 진술을 생략하는 표현에 기초하여 문제상황에 대해 추리해야 한다. 그 상황에서 어떤 것이 참이고 참이 아니냐 하는 것은 논리의 문제가 아니고 사실의 문제이다.

McCarthy는 문제 진술에 명확하게 표현되지 않은 상식적 지식을 문제 해결자가 공급해야 한다고 주장한다. 그 지식은 우리가 취하는 입장과는 무관하게 문제 해결에 필요하다. 문제 표현을 위해 제공되야 하는 상식적 지식은 경험적 지식이며, 고려 중인 문제 영역에 특수한 지식이고, 경험적 지식이 변화할 때 수정되어야 한다. 그러나 이 지식은 명확한 명제의 형태로 제공될 필요는 없다. 이렇게 불완전한 지식에 기초하여 추리하는 것이 우리의 일상적인 추리이며 상식적인 추리이다. 이런 상식적 추리를 비단조 논리가 잘 반영하고 있다. 그리고 비단조논리의 이런 형식이 없으면 상식적인 사실을 일상언어로 표현하기가 어렵다.[17]

3. 비단조 논리의 유형

1) Reiter의 default 논리

Reiter는 일관성에 기초하여 비단조 추리에 접근하며 default[18] 논리를 개발하였다.[19] default 언명은 이론의 정식이 아니고 추리규칙이라는 점 때문에 default 논리는 McDermott-Doyle의 비단조 논리와 다르다. default 추리의 default는 다르게 증명되지 않는 한 (또는 다르게 증명될 때까지) 어떤 언명이 믿어질 수 있다는 언명이거나 규칙이다. default S는 S가 아니라고 증명되지 않는 한 S는 추리될 수 있다고 해석된다. default는 큰 변화 없이 예외가 인정될 수 있는 일반성을 진술할 때 사용된다. 예를 들어 default가 '모든 새는 날 수 있다'라면, 이 경우 예외는 펭귄이나 타조이다.

예를 들어 보자. 창수는 전산학과 교수이다. 그러므로 창수는 박사 학위를 갖고 있다. 물론 그가 박사 학위를 갖고 있지 않을 수 있다. 만일 그가 박사 학위를 갖고 있지 않다는 믿을만한 정보를 듣는다면 우리는 그 결론을 철회한다. 창수의 예는 default추리의 일반적인 패턴을 예시해 준다. 그 예는 다음과 같이 분석된다.20)

> x가 전산학과 교수이고 x가 박사 학위를 갖고 있지 않다고 증명되지 않는 한, 우리는 x가 박사 학위를 갖고 있다고 추리할 수 있다.

그런 추리의 결론 부분을 default라고 부른다. 새로운 부분은 "~라고 증명되지 않는 한" 부분이다. 이 부분이 의미하는 것을 형식화하는 데에는 생각보다 세밀한 것이 요구된다. 그러나 실제 프로그램에 그것을 작용시키는 것은 어렵지 않다. "~라고 증명되지 않는 한" 부분은 "consistent"라는 기호를 도입하여 표현할 수 있다. 즉 (˜ P)라고 추리될 수 없으면 (consistent P)는 참이다. 반대되는 정보가 없는 한, 기존 정보에 기초하여 일정한 결론을 주장할 수 있다는 것이다.

Reiter는 일상적인 논리와 추리규칙에 default라고 불리는 새로운 종류의 추리규칙을 접합하여 default를 형식화한다. default추리규칙은 다음과 같은 형식이다. P이고 그것이 Q라고 가정하는 것과 일관된다면 R이라고 추리하라. 이것은 다음과 같이 쓴다. P : Q/R. (여기에서 P, Q, R은 일상적인 정식이다.) 조건 P가 주어지면, default는 Q가 아니라고 증명되지 않는다면 R의 추리를 허용한다. 구체적으로 Reiter는 다음과 같은 추리규칙을 도입한다.21)

$$\frac{Bird(x) : M\ Fly(x)}{Fly(x)}$$

이것의 의미는 다음과 같다.[22] x가 새이고 x가 난다고 일관성있게 가정할 수 있다면 x는 날 수 있다고 추리할 수 있다. 이것을 일반화하면 다음과 같은 추리규칙을 얻을 수 있다.[23]

$$\frac{\alpha(x) : \beta(x)}{\gamma(x)}$$

위에서 $\alpha(x)$는 선행조건이고, $\beta(x)$는 테스트 조건이고, $\gamma(x)$는 default의 결과이다. 위 규칙은 $\neg\beta(a)$가 도출되지 않으면 $\alpha(a)$로부터 $\gamma(a)$를 도출할 수 있음을 의미한다. 달리 말하면, $\alpha(x)$가 타당하고 $\beta(x)$가 일관되게 가정될 수 있다면 우리는 $\gamma(x)$라고 추리할 수 있다.

default 논리는 문장들의 집합을 가지고 시작한다. 이 문장들은 세계에 대해 참이라고 알려진 것들이다. 우리는 전지하지 않으므로 이 지식은 보통 불완전하며 우리의 세계에 대한 지식에는 일정한 갭이 있다. default는 불완전한 이론이 더 완전하게 확장하도록 만드는 기능을 한다. 그 규칙은 가망성 있는 결론을 가지고 그 갭을 채운다. 따라서 불완전한 이론이 Bird(Tweety)를 포함하고 Fly(Tweety)가 그 이론과 일관성을 가지면 나는 새에 대한 위의 default도식에 의해 Fly(Tweety)를 부가함으로써 그 이론을 확장시킬 수 있다.

가령 세계 W에 대해 우리가 알고 있는 것이 E와 F라고 하고, 두 개의 default가 있다고 해보자.

W={E, F}

default ① : $\dfrac{E:C}{C}$ ①의 예 $\dfrac{bird(x): flies(x)}{flies(x)}$

default ② $\dfrac{F:\neg C}{\neg C}$ ②의 예 $\dfrac{injures(x): \neg flies(x)}{\neg flies(x)}$

E는 W와 일관성이 있기 때문에 default ①을 적용하여 C를 추리할 수 있다. Tim이 새라면 default ①에 의해 Tim이 난다는 결론을 도출할 수 있다. 그러나 Tim이 날지 못한다는 사실이 발견되면 default ①은 적용되지 못한다. Tim이 상처를 입었다면 default ②가 적용되며 Tim은 날지 못한다는 결론이 나온다. 따라서 default ①이 적용되면 default ②가 적용되지 못하고 default ②가 적용되면 default ①은 적용되지 못한다.

Reiter는 default이론 T =<W, D>의 확장(extension) 개념을 도입하여 그런 상황을 다룬다.[24] T=<W,D>에서 W는 일련의 정식이고 D는 일련의 default이다. 여기에서 알 수 있는 것 처럼 다중의 확장이 얻어진다. 이 경우 얻어진 어떤 확장이든 행위자의 가능한 신념이 된다. 확장은 default논리에서 매우 중요한 기능을 수행한다. 확장은 일련의 신념들인데, 그 신념들은 세계에 대해 알려진 것에 비추어 어떤 의미에서 정당화되거나 합리적인 신념들이다. 세계에 대한 우리의 지식은 일련의 문장들로 표현되는데 그 문장들은 보통 불완전하다. 우리는 default에 의해 불완전한 지식을 확장시킬 수 있다.

McDermott-Doyle은 양상 오페레이터(modal operator) M을 도입

하여 default를 양상적 정식으로 진술한다. p가 1 차 논리의 문장이라면 Mp는 양상 논리의 문장이다. M은 "일관성이 있는", "조화되는"(consistent)이라는 뜻이다.[25] 따라서 Mp는 p는 믿어진 모든 것들과 일관성이 있다는 의미이다. 예를 들어보자. x가 새이며 그것이 x가 날 수 있다는 것과 일관성있다면 (또는 조화된다면) x는 날 수 있다. 이 예를 기호화하면 다음과 같다.[26] {Bird(x) & M Flies(x)→Flies(x)}.

McDermott-Doyle은 다음과 같은 예를 든다.[27]

① noon∧M(sun-shining)⊃sun-shining
② noon
③ eclipse⊃¬ sun-shining

이것으로부터 다음을 증명할 수 있다.

④ sun-shining

여기에 다음을 부가하면

⑤ eclipse
④는 일관성이 없다. 따라서 ①③⑤에 의해 ¬ sun-shining이 도출된다.

2) Moore의 자동인식적 추리(autoepistemic reasoning)[28]

Moore는 일관성보다는 신념에 기초하여 비단조 논리를 구성하였다. Moore는 비단조 논리에 두 가지 생각이 혼합되어 있다고 주장하였다. 전형성(typcality)과 신념(belief)이다.[29] 그는 다음과 같은 두 가지 경우를 구별하였다. 첫째, 트위티가 날 수 없다고 알려지지 않았으며 전형적으로 새는 날 수 있다는 것에 기초하여 트위티는 날 수 있다고 결론내리는 경우. 둘째, 트위티가 날 수 없다고 알려지지 않았으며 "트위티가 날 수 없다면 내가 그것을 알고 있을 것이다"는 것에 기초하여 트위티는 날 수 있다고 결론내리는 경우. Moore는 후자를 자동인식적 추리라고 명명하였으며 후자의 추리양식을 위해 논리적 의미론을 고안하였다.

Moore는 자동인식적 추리가 상식적 추리의 일부분을 형성한다고 주장한다. 예를 들어 보자. "나에게 형이 있었다면 내가 그 사실을 알고 있을 것이다". 이것은 사람들이 보통 자신의 형을 알고 있다는 전형성에 대한 신념을 진술할 뿐만 아니라 나는 구체적으로 나의 모든 형을 알고 있다는 신념을 진술하고 있다. 물론 나의 형이 나에게 알려지지 않은 상황도 존재할 수 있지만 그런 상황은 심각하게 고려되고 있지는 않는 것 같다. 결과적으로 일종의 전형성이 존재할 수 있다는 것이다.

Moore는 자동인식적 신념에서 그 신념이 잘못될 수 있는 가능성을 지적하였다. 내가 그 신념을 변경해야 되는 경우 그 신념은 잘못일 수 있다. 반면에 전형성의 경우 나는 형에 관한 지식에 있어서 비전형적이지만 전형적으로 형이 알려진다는 신념을 유지할 수 있다. 놀랍게도 그런 형이 존재한다는 것을 내가 발견한다면 나는 나의 자동인식적 신념이 잘못이라고 즉시 결론내릴 수 있지만 그 신념은 여전히 대부분의 사람들에게 적용된다.

자동인식적 논리는 자신의 신념에 기초하여 행위하는 행위자의 신념을 모델화하려는 의도를 갖고 있다. 중요한 관심 대상은 행위자의 전체 신념으로 해석되는 자동인식적 논리 정식의 집합이다. Moore는 그런 정식의 집합을 자동인식적 이론이라고 부른다. 자동인식적 논리는 신념 개념에 기초하여 L을 도입하는데 그 의미는 'is believed'이다. 그리고 M은 ¬L¬이다. 결국 자동인식적 논리는 신념의 논리인데, 신념의 논리는 일관성에 기초한 비단조성과 어떤 관계를 갖는가? 현재의 이론은 일련의 신념에 불과한데 그 신념들이 논리적 결과에 닫혀있다면, 한 가정은 그 부정이 믿어지지 않을 때 현재의 이론과 일관성이 있다.30) 이런 설명 하에서는 비단조적 가정은 다른 명제를 믿지 못함에 기초하여 구성된다. 예를 들어, 날지 못한다고 믿어지지 않는 모든 새는 날 수 있다고 우리는 기꺼이 믿는다.

다른 예를 들어 보자. 출발하는 것이 안전하다고 믿는 우주 왕복선 비행 감독을 생각해 보자. 그의 믿음은 어떤 긍정적인 정보 때문이 아니라 잘못이 있다면 엔지니어로부터 잘못된 것을 자신이 보고받았을 것이라는 점 때문이다. 이 경우 P를 "그 왕복선을 출발시키는 것은 안전하다"를 의미한다면, $\neg L \neg P \supset P$는 비행 감독 자신의 지식을 표현한다. $\neg L \neg P \supset P$는 신념상태 ($L \neg P$)와 세계에 관한 조건 (P)사이의 논리적 구속이다.

3) McCarthy의 제한화 추리(circumscription)31)

모든 대상은 어떤 측면에서 비정상적(abnormal)이다. 우리는 그 대상의 어떤 측면이 비정상적이라는 것을 인정하고 싶어하며 그 나머지는 정상적이라고 가정한다.32) 우리는 비정상적(abnormal)이라는 술어를 도입하여 전형성에 대한 추리를 하기 위한 약간의 직관을 얻을 수 있다. 예를 들어 새는 그것이 여러 가지 점에서 비정상적이지 않다면 날 수 있을 것이다. 술어를 제한함으로써 트위티는 날 수 있다는 식의 결론에 이를 수 있다. 왜냐하면 새가 날 수 없다는 것은 비정상적이며 그 비정상성은 제한에 의해 최소화될 수 있기 때문이다.

McCarthy의 제한화는 술어 논리에서 상식적 추리 과정의 일부를 반영하기 위한 시도이다. 우리들의 상식은 이상한(unusual) 또는 비정상적(abnormal) 술어의 외연을 최소화(minimize or circumscribe)33)한다는 점이다. 모든 사람은 어떤 새가 날지 못한다는 것을 알고 있다. 그러나 트위티가 새라는 것을 들으면 우리는 트위트는 날 수 있다고 추리할 것이다. 그 이유는 날지 못함은 새의 병적인 또는 이상한 조건이며 상식은 그런 이상함의 영역을 최소화하기 때문이다. McCarthy의 통찰은 한 술어의 영역을 최소화하는 형식적인 과정은 방금 기술된 상식의 최소화 과정을 잘 표현할 수 있다는 것이다.34)

이것을 기호화하면 다음과 같다.

$$b(x) \land \neg ab(x) \rightarrow f(x)$$

이것의 의미는 x가 새이고 x가 비정상적이지 않다면 x는 날 수 있다는 것이다. 이 경우 어려운 것은 비정상적인 것을 결정하는 문제이다. 생각할 수 있는 것은 비정상적인 대상의 수를 최소화하고 비정상적이라고 알려진 것만을 비정상적이라고 인정하라는 것이다.

McCarthy는 어떤 개념의 최소화(minimization)를 포함하는 상황을 표현하기 위한 수단을 개발하였다. 그는 이런 테크닉을 제한화라 부른다. 제한화는 술어 P를 만족시키는 대상들만이 P를 만족시키는 것으로 밝혀질 수 있는 대상들이라고 주장하는 형식적인 장치이다. 예를 들어, 단지 Q(a)라는 사실을 포함하고 있는 데이타베이스로부터 Q의 제한은 정식 $\forall x.Q(x) \Rightarrow x=a$를 산출한다(앞의 정식은 a는 Q를 만족시키는 유일한 대상이라는 의미이다). 따라서 b가 a와 다른 대상이라면 Q를 제한함으로서 우리는 $\neg Q(b)$라는 결론으로 비약할 수 있게 된다. 그러나 Q(b)가 알려진다면 앞의 결론은 더 이상 타당하지 않다.35)

어떤 술어 P에 대해 일련의 공리 A를 제한하기 위해서는 P를 만족시키는 대상만이 공리 A로부터 도출되는 것이라고 진술하는 문장 도식을 구성해야 한다. 그 문장 도식으로부터 연역적인 추리 규칙에 의해 도출되는 모든 언명은 원래의 공리 A로부터 P에 관한 제한적 규칙에 의해 얻어진 결론이라고 할 수 있다. 예를 들어 보자. 우리가 붉은 머리를 가진 친구 제인만을 유일하게 알고 있다고 해보자. 그런데 붉은 머리를 가졌다는 의미에서 제인과 비슷하게 생긴 어떤 사람을 보았다면, 우리는 제한화에 의해 그 사람이 제인이라고 추리할 수 있다. 제인이 쌍둥이 자매 조안을 가졌다는 것을 우리가 이제 알았다면 우리는 제인과 비슷하게 생긴 사람은 모두 제인이라고 더 이상 결론내릴 수 없기 때문에 그 추리는 비단조적이다. McCarthy의 제한화 추리에 의해 형식적으로 표현하면 그 예는 다음과 같다. 우리는 일련의 공리 A=<red−haired(Jane)>를 가지고 시작하며 red−haired라는 술어를 제한한다. A에서 그 술어의 제한화는 다음의 공리 도식이다.[36]

$$\phi(\text{Jane}) \wedge \forall x\,(\phi(x) \rightarrow \text{red-haired}(x)) \rightarrow \forall x(\text{red-haired}(x) \rightarrow \phi(x))$$

이제 위 도식에 붉은 머리를 가진 사람의 유일하게 알려진 사례를 대입하면 즉, $\phi(x)$에 x=Jane을 대입하면 다음과 같은 것을 얻는다.

$$\text{Jane}=\text{Jane} \wedge \forall x(x=\text{Jane} \rightarrow \text{red-haired}(x)) \rightarrow \forall x(\text{red-haired}(x) \rightarrow x=\text{Jane})$$

이 도식의 처음 두 부분은 참이며 그것을 단순화하면 결과하는 가정인 default $\forall(x)(\text{red-haired}(x) \rightarrow x=\text{Jane})$가 남는다. 이것은 제인과 비슷하게 보이는 새로운 사람에게 적용될 수 있다. 그러나 이 추리는 비단조적이다. 왜냐하면 A에 새로운 공리 red−haired(Joan)을 부가하면 그런 동일한 결론을 더 이상 도출할 수 없기 때문이다. 기껏해야 다른 제한화를 적용하여 덜 구체적인 결론 $\forall(x)(\text{red-haired}(x) \rightarrow x=\text{Jane} \vee x=\text{Joan})$을 추리할 수 있다.

이상에서 살펴 본 비단조 논리는 두 가지 유형으로 나누어 볼 수 있다.[37] 하나는 일관성에 기초한 default추리이고 다른 하나는 제한화 추리이다. Reiter, McDermott-Doyle, Moore이 주장하는 일관성에 기초한 접근은 부분적인 정보에 기초하여 얻은 신념을 일관성 있게 확장하는 방법이다. McCarthy의 제한적 접근은 부분적인 정보에 기초하여 신념을 확장함에 있어 기초하지 말아야 할 비정상적인 경우를 제한하고 최소화하는 방법이다. 어떤 술어에 관해 비정상적인 영역을 최소화하기 위해 우리는 술어 "비정상성"를 제한한다. 그 경우 술어의 최소화는 데이타 베이스의 전반적인 일관성을 보전하는 방식으로 진행되어야 한다. 제한화 추리도 일관성에 의해 해석할 수 있다는 것이다.[38] 그런 점에서 비단조논리는 기존의 신념을 일관성 있게 확장하는 문제를 다루고 있다고 할 수 있다.

4. 비판적 결론

비단조 논리는 현재 활발하게 구성되고 있는 논리이며 아직 체계화가 완성되지 않았기 때문에 현재 많은 논쟁이 진행되고 있다. 물론 일반적으로 공인받고 있는 부분이 있다. 비단조 논리에 대한 몇 가지 비판을 살펴 보자. 첫째, 가장 일반적인 비판은 확률론의 주장이다. 즉 확률이론이 더 적절하다는 반론이다. 확률론자들은 확률론이 비수치의(nonnumeric) 방법보다 훨씬 더 잘 이해될 수 있다고 주장한다. 그들은 "전형적으로 새는 날 수 있다"는 언명과 "대부분의 새는 난다"는 언명을 동일시한다.[39] 달리 말하면 그들은 전형적인 성질과 통계적인 성질을 동일시한다. 그러나 확률적인 관점만을 강조하는 것은 비단조 논리의 의도된 목적을 오해하는 것이다.

많은 연구들이 밝혀놓은 바에 따르면, 사람들은 확률을 판단하고 예측을 하고 불확실성에 대처하는데 어려움을 느낀다.40) 단순하고 친숙한 의사결정의 문제를 고려할 때 우리의 선호는 분명할 수 있다. 그러나 우리 생활에서 의사결정의 많은 부분은 새롭고 친숙하지 않으며 복잡한 결과를 가지기 쉽다. 그런 상황에서 우리의 가치는 모순되고 충분히 숙고되지 않는다.41) McCarthy도 유사한 주장을 하고 있다. 그는 선교사와 식인종의 예에서 보트가 새지 않는다는 명제에 조건적인 확률을 할당하는 것이 무의미하다고 말하고 있다. 확률적인 추리가 소용 없는 상황에서 비단조적인 추리가 도움을 제공할 수 있다고 그는 주장한다.42) Ginsberg도 수적인 방법이 재미있다는 것을 알고 있지만 시간이 흐름에 따라 McCarthy의 주장이 옳다는 것을 점차 알게 되었다고 말하고 있다.43)

McCarthy의 제한화는 "대부분의 새는 날 수 있다"와 같은 확률적인 언명을 표현하는 것으로 또는 표준적인 경우들을 표현하는 것으로 간주된다.44) 제한화는 수적인 확률을 제공하지 않기 때문에 제한화의 확률해석은 극미한(infinitesimal) 또는 중간적인(intermediate) 확률을 포함한다. 제한화 추리는 조건적인 확률을 제공한다. 따라서 우리는 새가 날 수 없는 확률을 극미한 것으로 취급할 수 있다. 그러나 그 새가 펭귄인 희귀한 사건이 발생하면 그것이 날 수 있는 조건적 확률은 극미하다.

그렇다면 일반 법칙이 제공하는 유한한 확률을 사용하지 않는 이유는 무엇인가? 우리가 수를 갖고 있다면 그런 확률이 좋을 것이다. 그러나 우리가 수를 가질 수 없거나 수의 사용이 불편하다는 것을 안다면 제한화가 유용하다. 우리는 특정한 새가 특정한 상황에서 날 수 있는가에 관한 우리 견해에 영향을 주는 사실에 관심을 갖고 있기 때문에 어떤 새가 날 수 있는 일반적인 확률은 무관하다. 더구나 확률을 사용하려면 보통 샘플 공간을 정의해야 한다. 제한화에 의해 우리는 우리가 알고 있는 경우가 존재하는 모든 경우라고 추리할 수 있게 된다.

둘째, Israel은 비단조 논리를 사용하는 행위자는 종종 모순에 이르게 된다는 것을 지적하고 있다.45) 이상적인 합리적 행위자라도 잘못된 신념을 가질 수 있으며 그 신념이 옳다고 믿는 이유를 가질 수 있다. 트위티의 예를 살펴 보자. “트위티는 새이다. 그래서 트위티는 날 수 있다고 나는 추리한다. 그러나 트위티는 타조이고 결국 날 수 없다. 그러면 트위티가 날 수 있다는 나의 신념은 거짓이며, 그 신념은 default 가정을 수락함으로써 야기되었다.” 여기에서 (과거와 현재 사이에) 바로 모순이 발생한다. 따라서 합리적 행위자가 적절한 상식적 추리를 하려면 과거의 잘못이나 미래의 가능한 잘못을 자세하게 살펴볼 수 있어야 한다.46) 비단조 논리가 종종 모순에 이르게 된다는 것은 옳은 지적이다. 비단조 논리는 새로운 정보에 의해 결론이 수정되는 가능성을 인정하고 있다. 또한 비단조 논리는 시간 의존적인 추리이므로 우리의 신념은 시간의 흐름에 따라 수정되고 모순에 이를 수 있다. 비단조 논리는 신념 형성의 문제만이 아니라 신념 수정의 문제와 연결되어 있다. 신념수정 체계47)는 모순을 다루는 인공지능 프로그램이다.48) 비단조 논리는 새로운 정보에 따라 기존의 신념을 수정하는 신념수정 프로그램을 갖고 있다.

위에서 살펴 본 바대로, 비단조 논리가 여러 가지 한계를 갖고 있지만 우리가 관심을 가져야 할 부분은 신념의 확장(extension)이다. 세계에 대한 우리의 지식은 일련의 문장들로 표현되는데 그 문장들은 보통 불완전하다. 우리는 default에 의해 불완전한 지식을 확장시킬 수 있다.

비단조 추리는 일련의 신념과의 일관성에 기초하여 일정한 신념을 이끌어 내고 있다. 새가 난다는 사실이 다른 신념과 충돌하지 않는다면 그 새는 난다고 결론내릴 수 있다. 그러나 새들이 나느냐 날지 않느냐의 문제는 새와 난다는 술어를 다루는 문제이지 특정한 신념을 가진 사람과의 문제가 아니다. 그러므로 새와 난다의 관계는 다른 신념과 독립적으로 해결되어야 한다. 그러나 내가 알고 있는 모든 것이 새는 전형적으로 난다는 것과 독수리는 새라는 것이라면 독수리는 난다고 추리하는 것은 합리적인 것 같다. 이런 접근법은 새와 나는 것(flight)의 관계를 표현하는 것이 아니라 일련의 신념을 일관성있게 확장하는 방법을 우리에게 알려주는 것으로 간주할 수 있다.[49)]

Simon은 비단조 논리의 특징을 다음과 같이 말한다.[50)] 비단조 추리의 핵심은 기존의 명제와의 일관성에 기초하여 직접적인 증명없이 어떤 명제를 주장하는 것이다. 비단조 논리를 사용하려면 두 가지 조건이 필요하다. 첫째, 한 명제를 주장할 수 있기 위한 충분한 증거나 그 명제가 다른 명제와 모순되지 않는다는 충분한 증거를 결정하는 절차가 필요하다. 둘째, 어느 경우 무모순적이기 때문에 주장할 수 있지만 이후에 모순적일 수 있는 가능성을 남겨놓는 체계가 필요하다. 그러므로 모순이 발견되었을 경우 모순을 해결하는 절차도 필요하다. 결국 신념형성과 신념수정은 비단조 논리의 중요한 두 측면이다. 비단조 논리는 부분적인 정보에 기초하여 신념을 형성하는 방법과 그 신념을 새로운 정보에 따라 수정하는 방법을 제시하고 있다.

| 미주 |

1) 단조(單調, monotonic), 비단조(非單調, nonmonotonic)라는 말은 음악적인 의미에서 단조(短調, minor)라는 말을 연상시켜 오해의 소지가 있지만 적절한 번역어가 없는 관계로 nonmonotonic을 비단조라고 번역하였다.

2) A. Fischler, and O. Firschein(1987), *Intelligence: the eye, the brain, and the computer*, Addison-Wesley Publishing Company, Inc. p.96.

3) D. Perlis(1992), "Nonmonotonic reasoning", in Shapiro, S. C.(editor-in-chief)(1992), p.1302. 다음 논문 참조. M. Minsky(1975), "A Frameword for Representing Knowledge", in P. Winston, ed., *The Psychology of Computer Vision*, McGraw-Hill Book Co., Inc., New York.

4) D. W. Etherington,(1987), "Formalizing Nonmonotonic Reasoning Systems", *Artificial Intelligence* 31, p.42.

5) R. Reiter(1990), "Nonmonotonic Reasoning", In Brown, F. M.(ed.)(1987), *The Frame Problem In Artificial Intelligence*, Proceedings of the 1987 Workshop, Morgan Kaufmann Publishers, Inc. p.440.

6) M. Ginsberg(ed.)(1987), *Readings in Nonmonotonic Reasoning*, Morgan Kaufmann Publishers, Inc. Los Altos, California. p.1.

7) T. L. Rankin(1988), "When is reasoning nonmonotonic?", In Fetzer, J. H.(ed.)(1988), *Aspects of Artificial Intelligence*, Kluwer Academic Publishers. p.289.

8) M. Ginsberg(1987), p.2.

9) G. L. Trigg(ed.)(1991), *Encyclopedia of Applied Physics*, vol 2,

VCH Publishers, Inc, p.5.

10) 본 논문 주 18) 참고.

11) R. Reiter(1990), p.449.

12) J. McCarthy,(1986), "Applications of Circumscription to Formalizing common-Sense Knowledge", *Artificial Intelligence* 28, p.91.

13) J. McCarthy(1980), "Circumscription-A Form of Non-Monotonic Reasoning", In Ginsberg, M.(ed.)(1987), p.146.

14) J. McCarthy(1977), "Epistemological Problem of Artificial Intelligence", In Ginsberg, M.(ed.)(1987), p.46.

15) J. McCarthy(1980), p.146.

16) H. A. Simon(1983), "Search and Reasoning in Problem Solving", *Artificial Intelligence* 21, p.21.

17) J. McCarthy(1980), p.147.

18) default는 사전적으로 결석, 결핍을 의미하며 judgement by default는 궐석재판이라 번역한다. 첫째, default는 임시적이라는 의미를 갖고 있다. default의 사전적인 의미인 결석, 결핍은 반대되는 정보가 없음을 의미한다. 따라서 default conclusion의 default는 반대되는 정보가 없다는 의미이므로 default conclusion는 잠정적인 결론이다. 둘째, default는 규칙의 의미를 갖고 있다. 이 경우 default는 반대되는 정보가 없는 한에서 부분적인 정보에 기초하여 일정한 결론을 이끌어 낼 수 있도록 해주는 규칙이다. 그러나 반대되는 새로운 정보가 나타날 경우 그 결론은 수정되고 다른 default가 나온다. 새로운 정보가 나타남에 따라 여러 가지 default가 가능해진다.

19) R. Reiter(1980), p.68.

20) E. Charniak, and D. McDermott(1985), *Introduction to Artificial Intelligence*, Addison-Wesley Publishing Company, p.370.

21) 여기에서 M은 "그것은 ~라고 추리하는 것과 일관성이 있다"라고 해석된다. (M is to be read as "it is consistent to assume".) R. Reiter(1980), In Ginsberg, M.(ed.)(1987), p.68.

22) 여기에서 M Fly(x)는 결론 Fly(x)에 대한 전제가 아니라 Bird(x)로부터 Fly(x)를 도출하기 전에 충족되어야 하는 조건이다.

23) R. Reiter, (1988), "Nonmonotonic Reasoning", In Shrobe, H. E., and AAAI(eds.)(1988), p.456. 다음 추리는 β(x)와 γ(x)가 같은 경우이다.

24) H. Geffner(1992), *Default reasoning : causal and conditional theories*, The MIT Press. p.15.

25) McDermott-Doyle은 일관성을 기본개념으로 간수하며 M을 도입하는데, 이 경우 L은 ~M~이었다.

26) D. McDermott, and J. Doyle,(1987), "Non-Monotonic Logic Ⅰ", In Ginsberg, M.(ed.)(1987), p.112.

27) D. McDermott, and J. Doyle,(1987), p.112.

28) R. C. Moore(1987), "Semantical Considerations on Nonmonotonic Logic", In Ginsberg(1987).

29) D. Perlis(1992), p.1304.

30) H. J. Levesque,(1990), "All I Know: A Study in Autoepistemic Logic", *Artificial Intelligence 42*, p.264.

31) 제한화 추리(circumscription)는 특정한 결론으로 뛰어 넘어가기 위해 사용할 수 있는 추리규칙이다. circumscription은 일종의 추리이므로 제한화 추리라고 번역하지만 제한하는 과정 자체를 의미하는 경우에는 제한화 또는 제한이라고 번역하였다. J. McCarthy(1980).

32) J. McCarthy(1986), pp.92-93.

33) 제한화는 이상한 또는 비정상적인 영역을 최소화한다는 의미이다.

34) P. L. Mott(1987), "A Theorem on the Consistency of Circumscription", *Artificial Intelligence 31*, p.87.

35) H. Geffner(1992), p.16.

36) P. R. Cohen, and E. A. Feigenbaum(eds.)(1982), *The Handbook of Artificial Intelligence*, Vol. Ⅲ, William Kaufmann, Inc, p.118.

37) M. Ginsberg(1987), p.14.

38) P. L. Mott(1987), p.88.

39) R. Reiter, (1988), p.472.

40) P. Slovic(1990), "Choice", In D. N. Osherson, and E. E. Smith(eds.)(1990), *Thinking–An Invitation to Cognitive Science*, Volume 3, The MIT Press, p.101.

41) B. Fischhoff, P. Slovic and S. Lichtenstein(1980), "Knowing what you want:Measuring labile values", In T. Wallsten,(ed.)(1980), *Cognitive processes in choice and drcision behaviour*. Hillsdale, NJ:Erlbaum Associates.

42) J. McCarthy,(1986), p.91.

43) M. Ginsberg,(ed.)(1987), p.7.

44) P. L. Mott(1987), p.92.

45) D. J. Israel(1987), "What's wrong with non–monotonic logic?", In Ginsberg(1987), p.54.

46) D. Perlis(1987), "On the consistency of commonsense reasoning", In M. Ginsberg(1987), p.61.

47) 신념수정체계는 Doyle에 의해 제기되었으며 Martins와 Shapiro 등에 의해 발전되었다. J. Martins(1992), "Belief Revision", In S. C. Shapiro (editor–in–chief)(1992), *Encyclopedia of Artificial*

Intelligence, vol. 1, 2, Second Edition, John Wiley & Sons, Inc. p.113.

48) J. Martins, and S. Shapiro(1986), p.384.

49) J. P. Delgrande,(1988), "An Approach to Default Reasoning Based on a First-Order Conditional Logic: Revised Report", *Artificial Intelligence* 36, p.67.

50) H. A. Simon(1983), "Search and Reasoning in Problem Solving", *Artificial Intelligence* 21, p.18.

| 참고문헌 |

B. 스킴스 지음, 김선호 역, 『귀납논리학』, 서광사, 1990.

E. 엘스 저, 우정규 역, 『합리적 결단과 인과성』, 서광사, 1994.

W. C. 새먼, 곽강제 옮김, 『논리학』, 박영사, 2010.

곽강제 편, 『논리와 철학』, 서광사, 1993.

김광수 저, 『논리와 비판적 사고』, 철학과 현실사, 1995.

김준섭, 『논리학』, 문학과지성사, 1995.

벤슨 메이츠 지음, 김영정, 선우환 공역, 『기호논리학』, 문예출판사, 1999.

소흥렬, 『논리와 사고』, 이화여자대학교출판부, 2003.

손병홍, 『명제논리와 술어논리』, 장서원, 2008.

스피븐 바커 저, 최세만, 이재희 공역, 『논리학의 기초』, 서광사, 1996.

어빙 코피, 칼 코헨 공저, 박만준, 박준건, 류시열 공역, 『논리학입문』, 경문사, 2000.

여훈근 외 지음, 『논리와 진리』, 철학과 현실사, 1996.

여훈근 지음, 『기호논리학』, 민영사, 1999.

이좌용, 홍지호 공저, 『비판적 사고:성숙한 이성으로의 길』, 성균관대학교출판부, 2009.

이초식, 『논리교육』, 미래엔, 1996.

정영기 지음, 『과학적 설명과 비단조논리』, 엘맨, 1996.

제임스 카니, 리처드 쉬어 지음, 전영삼 옮김, 『논리학』, 자작아카데미, 1994.